DE LA NÉCESSITÉ

D'ABOLIR

LA PEINE DE MORT.

DE L'IMPRIMERIE DE BAUDOUIN FRÈRES,
RUE DE VAUGIRARD, N° 36.

DE LA NÉCESSITÉ

D'ABOLIR

LA PEINE DE MORT,

DISCOURS EN VERS;

SUIVI

DE QUATRE DISCUSSIONS EN PROSE, OÙ L'ON EXAMINE L'OPINION DE MABLY, DE J.-J. ROUSSEAU, DE FILANGIERI ET DE MONTESQUIEU, SUR LA MÊME PEINE.

> J'ose rappeler aux arbitres des peuples que, dans tous les siècles, des innocens furent condamnés à mort.
> (L'auteur: *Epître dédicatoire à M. le comte Lanjuinais.*)

A PARIS,

CHEZ PÉLICIER, LIBRAIRE, PLACE DU PALAIS-ROYAL;

DELAUNAY, PALAIS-ROYAL;

GALIGNANI, RUE VIVIENNE, N° 18.

1822.

A MONSIEUR
LE COMTE LANJUINAIS,

PAIR DE FRANCE,

MEMBRE DE L'INSTITUT.

MONSIEUR LE COMTE,

EN publiant, sous vos auspices, un écrit qui, d'après le sentiment de plusieurs hommes célèbres, peut influer sur la réforme des lois pénales, j'ose rappeler aux arbitres des peuples que, dans tous les siècles, des innocens furent condamnés à mort. Frappé d'une vérité si affligeante, je prononçai, il y a vingt-six ans (1), à la barre de la Convention nationale, un discours contre les lois sanguinaires.

Ouvert à l'humanité, votre cœur, MONSIEUR, vous inspira sur-le-champ des paroles éloquentes, et j'eus l'honneur de vous avoir pour patron. Vous me fîtes obtenir un décret qui abolissait la

(1) Le 9 vendémiaire an IV.

peine de mort ; mais deux de vos collègues voulurent que ce décret n'eût force de loi qu'à l'époque
de la paix générale. Pétitionnaire, je n'avais pas
le droit de combattre un amendement qui rendait
ma démarche infructueuse. Je gardai le silence,
en frémissant, et je me disais : « Il ne sera donc
» jamais opportun de prévenir, par l'abolition de
» la peine de mort, ni les vengeances criminelles,
» ni les erreurs des tribunaux ! »

C'est à des républicains que je parlais autrefois ; c'est à des rois que je m'adresse aujourd'hui.
Je plaide leur cause. Plus de cent vingt têtes
couronnées furent abattues par le fer des bourreaux. On ne vous accusera pas, Monsieur, d'avoir
concouru à augmenter le nombre de ces illustres
victimes. Vous avez dit, à l'époque du procès de
Louis XVI : « *Le peuple n'a pas le droit d'égorger*
» *un prisonnier vaincu.* »

Cependant des peuples ont égorgé des rois, et
des rois ont égorgé des peuples. Les causes de
leurs infortunes réciproques et la question que j'ai
traitée méritent donc l'attention générale. Puisse-
t-elle, Monsieur, avoir pour favorable présage,
l'utile examen que vous avez daigné faire d'un
discours où j'ai tâché de réunir la solidité des principes, la justesse du raisonnement, les embellisse-
mens de la poésie, et la force que le sentiment
prête à l'art oratoire. Tout cela est insuffisant, je
l'avoue, sans un plan. Le mien consiste dans ces
deux propositions : 1° Des innocens ayant été con-

damnés , il est nécessaire de prévenir, par l'abolition de la peine de mort , des erreurs criminelles et irréparables ; 2° il est immoral, impolitique et dangereux de punir les coupables par un meurtre public , et de s'abandonner ainsi à l'excès de la vengeance. Le développement de cette double proposition exigeait beaucoup de variétés dans les détails. Aussi, n'ai-je pas oublié le précepte de Boileau :

Sans cesse en écrivant variez vos discours.

Je m'y suis conformé, en adaptant à mon sujet des morceaux intéressans, et servant d'épisodes. Tels sont : La Prosopopée de Malesherbes , le Tableau de la Révolution , le Contraste des abus du divorce et des abus de la peine de mort , mon opinion sur la liberté de la presse , une apostrophe au sexe faible et sensible qui garnit l'amphithéâtre des spectacles sanglans, le Discours d'Imilcé, femme d'Annibal et mère du jeune Aspar , l'éloge de Beccaria, le prétendu traité d'une société de suicides , le passage concernant les prisons de Philadelphie, l'hommage à LÉOPOLD , grand duc de Toscane , les vers sur la loi du talion , etc., etc.

Il était difficile de lier ces différens morceaux par d'heureuses transitions ; mais je n'ai rien négligé pour vaincre les difficultés nombreuses que présentent les détails et l'ensemble. Si toutefois, loin d'avoir égard à de nobles efforts, des censeurs impitoyables jugent à leur manière un disciple de

Beccaria, vous lui apprendrez à se consoler, vous, MONSIEUR, qui fûtes mis hors la loi, et qui avez eu pour détracteurs ceux que vous aviez courageusement défendus, lorsqu'ils étaient opprimés par des lois barbares contre l'émigration. Toujours présent au poste de la patrie, vous les aviez servis, sans renoncer au droit de signaler, avec votre fermeté ordinaire, les vieux préjugés, les nouvelles vengeances, la partialité en faveur de telle classe d'hommes, l'injustice contre telle autre classe, et les usurpations contraires aux lois fondamentales. Plus vous êtes juste dans l'exercice de ce droit sacré, plus je dois me féliciter d'opposer votre nom, en tête de mon écrit, aux apôtres des lois horribles, parmi lesquelles nous comptons la flétrissure. Combien n'est-elle pas exécrable ! je l'ai prouvé en peu de mots :

> De l'innocent flétri vous peindrai-je le sort ?
> Par la faim dévorante il fait venir la mort.
> En un jour on a vu blanchir sa chevelure :
> Peuple civilisé, va voir la flétrissure !

Cosmopolite, en fait d'humanité, je me prononce (1) contre la mutilation chez les Russes. Vous savez, MONSIEUR, qu'aucune raison poli-

----

(1) Pages 28 et 29 :

Heureux si proscrivant, etc.

tique ne peut justifier l'art des cruautés. Malheur
à tous les gouvernemens qui refusent d'adopter ce
principe ! Les progrès de la civilisation seront des
chimères tant que les lois prendront des assassins
pour modèles. Le perfectionnement des mœurs
exige la modération des lois.

Je suis avec un respectueux dévouement,

Monsieur le Comte,

Votre très-humble et très-
obéissant serviteur,

VALANT.

A Paris, le 16 mai 1822.

TABLE

Des principaux orateurs de la presque moitié de la Convention nationale, qui votèrent contre la peine de mort, et dont on cite les mots les plus remarquables, page 34.

DE
LA NÉCESSITÉ

D'ABOLIR

LA PEINE DE MORT,

DISCOURS EN VERS.

Vainement la splendeur des siècles de lumières
Recule de l'esprit les antiques barrières :
Le voile du mensonge est partout étendu ;
Le meurtre avec la peine est encor confondu.
Mais si de la raison la loi prend origine ,
La loi ne peut fermer une source divine ;
La loi sans la raison trahit les potentats ,
Menace la patrie, ébranle les États ;
Et cependant la loi veut rendre légitime
Le pouvoir de détruire une faible victime ,
Ce pouvoir qui révolte et le cœur et l'esprit.
La peine est un travail que la loi nous prescrit ,
Si le crime ou l'erreur nous a rendus coupables.
La mort est au-delà des peines véritables ;
On ne peut allier la mort et les travaux ;
La peine cesse d'être où finissent les maux.
Ainsi, la loi réserve, en ses erreurs communes ,
Pour des fils innocens le poids des infortunes.
Mais, quand elle a flétri les fils des condamnés ,
Sèche-t-elle les pleurs de ces infortunés ?

Répare-t-elle en moi les torts de la justice
Qui, deux fois, par méprise, ordonna mon supplice ?
Un pied dans le tombeau, je ne me plaindrai pas ;
Mais, avant d'expirer, je demande aux États :
Souffrirez-vous toujours que des arrêts tragiques
Fassent couler le sang sur nos places publiques ?
Là s'ouvre le spectacle où le peuple empressé
Dévore de ses yeux un échafaud dressé,
Le sacrificateur, le prêtre et la victime.
Le fer va-t-il frapper l'innocence ou le crime ?
Il tombe, mais le peuple ouvre l'œil sans frémir.
Orphelins malheureux, vous entend-il gémir ?
Entend-il les sanglots des familles mourantes ?
Voit-il du désespoir les scènes déchirantes ?
Il voit des troncs sanglans flétris par les bourreaux,
Mais verra-t-il des fruits attachés aux rameaux ?
La mère, les enfans, l'innocent, le coupable,
Tout périt par l'abus d'une loi redoutable,
Prétexte des tyrans dont la noire fureur,
Sous le nom de justice, enfante la terreur.

Servan et Dupaty, vous dont l'heureux génie
Déracina des lois la longue tyrannie,
Et toi, La Chalotais, que d'immortels travaux
Élèvent à la gloire où je vois tes rivaux,
Inspirez-moi ce feu qui brille en vos ouvrages,
Et qui vous fait revivre en vos brûlantes pages,
Ce poétique feu des plus grands orateurs,
Animant les tableaux dont ils sont créateurs.

Est-ce en vain que ma voix, réprimant la justice,
Aura fait abolir ce funeste supplice,
Fécond en attentats, destructeur des vertus,
Commandé par Néron, et proscrit par Titus ?

Moi, j'aurais vainement invoqué les lumières ,
Attaqué l'ignorance et les lois meurtrières !
Je reviens au combat, j'y cours, je suis Français;
J'oppose le courage à l'ardeur des forfaits.
Les dangers ne sont rien. Ou mourir avec gloire,
Ou de l'humanité proclamer la victoire.
Indigné du sang-froid des modernes Dracons ,
J'allume de mon cœur les sentimens profonds.
Ma verve me soutient. Fuyez, vaines alarmes !
La vertu , la raison , leurs droits , voilà mes armes.
Trop long-temps le silence a comprimé ma voix ;
Je l'élève, et je veux la réforme des lois.
Vous demandez quel rang m'inspire tant d'audace!
Mon rang est le dernier, mais il est au Parnasse.
On retient peu la prose, on retiendra mes vers ;
J'ose les adresser aux potentats divers.
    Prévenir le malheur de conduire au supplice
L'innocent que menace ou poursuit la justice ;
Punir sans le trépas, servir l'humanité,
Tel est de mes accens le sujet médité.

Victimes de nos lois , l'innocence est flétrie ,
La veuve de ses pleurs inonde la patrie ,
L'orphelin la remplit de ses gémissemens ;
De mortels massacrés je vois les ossémens ,
Je les vois s'élever en monceaux effroyables ,
Et nos lois resteront de sang insatiables !
Des justes ont péri sous le fer des bourreaux ,
Et le juste accusé craindra les échafauds !
    Pour les accusateurs l'oreille complaisante
Aime leur imposture et la rend triomphante ,

Mais on écoute peu l'illustre Phocion ;
Il succombe, la mort suit la prévention.
Tu l'as pleuré long-temps, ô Grèce infortunée !
Puissent les nations changer ta destinée,
Sauver la liberté sur la terre et les mers,
Et d'un vainqueur barbare affranchir l'univers !

Croit-on que l'appareil des formes juridiques
Justifie à nos yeux les cruautés publiques ?
Mais l'appareil d'un meurtre en accroît la noirceur ;
Plus il est préparé, plus il nous fait horreur.
Sous les formes, un fourbe immole à l'imposture
Les droits de la raison, les droits de la nature ;
Sous les formes, l'erreur se glisse, nous séduit,
Et de la vérité la lumière s'enfuit.
Sous les formes, souvent l'adroite tyrannie
De ses honteux forfaits cache l'ignominie ;
Sous les formes, on change en divertissemens
Les cris du désespoir et les longs hurlemens :
Témoin ce Phalaris, d'exécrable mémoire,
Qui, dans l'atrocité voulant mettre sa gloire,
Brûla mille mortels dans un taureau d'airain,
D'où les sons annonçaient un prospère destin.

Cependant, éblouis par l'éclat des statues,
Nous croyons relever les têtes abattues.
Quoi ! l'orgueil successeur de notre cruauté,
Deviendrait le garant de la postérité !
Je pleure, et vous m'offrez des monumens superbes !
Apparaissez, parlez, mânes de Malesherbes :
« Non, le marbre et le bronze, élevés à grands frais,
» Ne peuvent de vos lois réparer les forfaits.
» Rappelez-vous le sort de ma triste famille :
» J'ai vu, j'ai vu périr et mon fils et ma fille.

» Pour avoir fait le bien, lâchement condamnés,
» Sur le même échafaud nous fûmes moissonnés.
» Mais ce malheur n'est rien. Je pleure un Prince auguste ;
» Je voulus prévenir l'arrêt le plus injuste ;
» Je fis de vains efforts : le Roi fut égorgé.
» Que n'a-t-il sur moi seul, hélas ! été vengé !
» Du règne des bourreaux sa mort fut le présage :
» Seront-ils éternels les siècles du carnage ?
» Osez les condamner, nouveaux législateurs ;
» Des crimes de la loi soyez les destructeurs.
» Tant que des lois de sang règneront sur la terre,
» Les lois à la vertu déclareront la guerre,
» Les lois enfanteront des crimes éternels :
» Ne peut-on sans la mort punir les criminels ?
» Les dangers renaissans suivent l'excès des peines.
» De l'innocent captif vous briserez les chaînes ;
» Mais comment rendrez-vous à sa famille en pleurs
» L'innocent mis à mort ? Dites, législateurs »....
Vous dont les volontés sont les seules répliques,
Fermerez-vous l'oreille à ces mots pathétiques ?
Les respecterez-vous moins que le piédestal
Qui rappelle un grand homme et son destin fatal ?
Craignez des tribunaux les méprises fréquentes,
Brisez les échafauds, brûlez vos lois sanglantes.
Quand la coupable mort frappait les déserteurs,
La France tous les jours perdait ses défenseurs.
On voulait par la mort gouverner des esclaves ;
Ils y couraient en foule et se croyaient des braves.
Dans la honte plongés sous les nobles drapeaux,
Soldats, ils se voyaient transformés en bourreaux ;
Leur courage avili servait la barbarie :
Malheureux, ils fuyaient une ingrate patrie.

Pouvaient-ils la défendre alors qu'entre deux rangs,
Leurs frères déchirés succombaient expirans ?
Pouvaient-ils la défendre ou bourreaux ou victimes ?
La seule discipline enfantait tous les crimes.
Tels que les déserteurs, les assassins affreux,
Sans les arrêts de mort deviendront moins nombreux;
Et les mœurs, se réglant sur des lois modérées,
Se lasseront enfin d'être dénaturées.

    Princes infortunés, ô Charles ! ô Louis !
Vous n'auriez pas connu vos destins inouis,
Si dans votre puissance arrêtant les sicaires,
Vous aviez aboli les arrêts sanguinaires ;
Cromwell eût respecté l'autorité des rois,
Cromwell dans Albion n'eût pas dicté des lois ;
Et plus d'un Robespierre, escorté de séides,
N'eût pas livré la France au fer des parricides.
Dois-je exhumer ici les Marat, les Couthon,
Acolytes fameux des Carrier, des Danton,
Tels que des loups affreux, animés au carnage,
Dans une bergerie, assouvissant leur rage,
Tels ces monstres, enflés et noircis de forfaits,
Au nom de la patrie égorgeaient les Français.
Couverte de prisons, d'échafauds et de tombes,
La France avec horreur ne voyait qu'hécatombes.
Mais la hache fatale, en sa rapidité,
Servait trop lentement l'avide cruauté :
Les tombeaux étaient pleins ; on accourt sur les ondes ;
La Loire ouvre en courroux ses cavernes profondes ;
Et mille époux, unis par le chef des bourreaux,
Tout-à-coup sont plongés dans l'abîme des eaux.
La nature frémit. C'est peu : nos salamandres
Soufflaient leur élément dans la Vendée en cendres ;

Et, traîtres au pays qui leur donna le jour,
A la vengeance atroce immolaient leur amour.
Voulaient-ils écraser, rivaux de Robespierre,
Jusqu'au dernier enfant sur la dernière pierre,
Tels qu'un Collot-d'Herbois, l'Attila de Lyon,
Qui marchait dans le sang à la destruction,
Ou tels que ces bourreaux dont la hache sanglante
Porta dans les prisons la mort et l'épouvante?
En ces lieux violés, dérobés aux regards,
Tombaient exterminés les femmes, les vieillards.
Je ne puis enlever au burin de l'histoire
De ces grands attentats la cruelle mémoire :
Le sang coule, et toujours la vengeance des lois
Fonde sur le pouvoir la justice et les droits.
Mais en vain ce pouvoir, usurpateur du glaive,
Fort d'un arrêt sanglant, l'exécute à la Grève;
Public ou clandestin, le meurtre est odieux.
Un scélérat le cache, et vous l'offrez aux yeux!
Barbares ! devez-vous dégrader la justice,
Et de ce nom auguste appeler le supplice?
Votre religion n'est-elle qu'une erreur?
Dites, vous pousse-t-elle à la mort du pécheur?
Ah ! si vous respectiez la divine morale,
Pourriez-vous savourer la vengeance fatale?
Seriez-vous maîtrisés par le ressentiment?
Verriez-vous dans le meurtre un digne châtiment?
L'assassin dans vos lois aurait-il des complices?
Verseriez-vous le sang pour des crimes factices?
L'innocent serait-il aux lois sacrifié?
N'auriez-vous pas le cœur ouvert à la pitié?
Fermeriez-vous l'oreille au repentir sincère?
Ne craindriez-vous pas de massacrer un frère?

Français, consolez-vous, séchez enfin vos pleurs :
Tôt ou tard les grands biens suivent les grands malheurs.
La torture n'est plus : des jugemens infames
Ne font plus dévorer des mortels par les flammes,
Et ne commandent plus mille tourmens affreux
Qu'autrefois en hurlant souffraient des malheureux.
Justes enfin, nos lois ne versant que la honte,
Et libres du forfait d'une mort lente ou prompte,
Briseront l'instrument dont la rapidité
N'est qu'un art de tromper la sensibilité,
Vertu que du Très-Haut la bonté souveraine
Dispensa sur la terre à la nature humaine,
Vertu que foule aux pieds un lâche conquérant,
Dont le crime enfanta le beau surnom de grand :
Détruire en un clin-d'œil, est-ce ne pas détruire ?

Ne jugez plus la terre ou daignez vous instruire ?
Vous qui vous arrogez le pouvoir absolu.
Quoi donc ! jusqu'à nos jours tout vous est dévolu !
Vos lois, de l'Éternel usurpant la puissance,
Ne sont-elles jamais instrumens de vengeance ?
Ces mortels, par le fer détruits si promptement,
Furent-ils élevés aussi rapidement ?
Vous avez oublié les services d'un père,
Les veilles et les soins de la plus tendre mère,
Dont les pleurs abondans, hélas ! et superflus,
Coulèrent à vos pieds pour un fils qui n'est plus ;
Il n'avait pas vingt ans ; sa famille est flétrie ;
Pour cacher son opprobre elle fuit la patrie.
C'est ainsi que des lois le système odieux
Fomente par la mort l'exil pernicieux,
L'exil qui vous enlève et talens et richesses,
Sacrifiés souvent aux peines vengeresses.

A la douceur des lois le peuple accoutumé
Révère d'un État le Prince bien-aimé.
Dans l'heureuse Florence où les crimes sont rares,
On rejette les lois des potentats barbares;
Mais à Londres, le code anime aux attentats,
Et des simples larcins pousse aux assassinats.
Vous donc qui prétendez que les peines atroces
Arrêtent les complots des assassins féroces,
Étudiez de l'homme et l'esprit et le cœur,
Sans vouloir en excès devenir le vainqueur.
Jadis d'un écolier le monstrueux supplice
Excita Ravaillac à braver la justice :
L'atrocité révolte et ne corrige pas
Les mortels irrités, méprisant le trépas,
Faudrait-il préférer les vengeances affreuses,
Les lois d'un Marius, à des lois généreuses ?
Le pouvoir de tuer ne fut jamais un droit.
Vous parlez de raison en tuant de sang-froid !
Mais votre cœur d'airain n'est-il pas plus barbare
Que la main du brigand qu'un faux calcul égare ?
Vous, auteurs de nos lois, vous, pères des humains !
Vous frappez l'innocent de vos sanglantes mains !
Vous lui percez le cœur pour prendre sa défense !
Faut-il dans votre loi ne voir que la démence ?
Pouvez-vous ignorer que mille tribunaux,
Abusant d'un pouvoir transmis à des bourreaux,
Condamnèrent souvent, sous prétexte de crimes,
Des mortels vertueux, des mortels magnanimes ?
Leur sort n'est-il pour vous qu'un objet de mépris ?
La leçon du passé n'est-elle d'aucun prix?
Voulez-vous, gouvernant, à force de supplices,
Renouveler toujours d'horribles sacrifices,

Et dire sans raison, ainsi que vos aïeux,
Que le sang des mortels doit apaiser les dieux?
N'a-t-il jamais coulé? Vous en faut-il encore?
Répondez à ma voix, vous que la terre implore,
Vous de qui le pouvoir craint peu les factions,
Quand il a pour garant l'amour des nations.
Mais si vous conservez des codes sanguinaires,
Croyez-vous dans les cœurs avoir des tributaires?
Prétendez-vous cacher sous de nombreux bienfaits
La honte indélébile attachée aux forfaits?
Couvert de sang, Auguste a beau vanter sa gloire :
Son premier nom lui reste et ternit sa mémoire.

   O contradiction d'un code ensanglanté !
Par le meurtre on prétend servir l'humanité ;
On prend pour éclairer la torche d'Erostrate,
On nous vante une loi qui fit périr Socrate,
Et qui nous fait pleurer tant d'illustres mortels ;
Une loi sacrilége, opprobre des autels,
Qui dévasta l'Europe et l'Asie et l'Afrique,
Étendit son empire et frappa l'Amérique.
Législateurs, vos yeux ne s'ouvriront-ils pas?
Jusques à quand enfin, ministres du trépas,
Serez-vous acharnés, dans vos erreurs profondes,
A dépeupler la terre, à détruire les Mondes?
   Une loi nécessaire aux époux malheureux
Vous a fait redouter des abus dangereux,
Et vous ne craignez pas la loi de la vengeance,
La loi qui trop souvent a frappé l'innocence !
Les abus du divorce étaient les moins cruels,
Et vous les avez pris pour les plus criminels !
Vous respectez l'hymen de l'adultère impie,
Et de mille innocens vous méprisez la vie !

C'est peu : vous opprimez jusqu'au droit de penser!
Mais si la vérité ne peut vous offenser,
Si par votre vertu vous soutenez l'empire,
Pouvez-vous redouter la liberté d'écrire,
Et contre la raison demander une loi,
Vous qui pour le servir trahissez votre roi ?
Frédéric, dont l'Europe admira la sagesse,
Refusa de punir les délits de la presse,
Et craignit les pamphlets beaucoup moins que l'encens.
Il craindrait aujourd'hui des juges trop puissans :
Le jury quelquefois leur épargna des crimes;
Faudrait-il l'abolir pour créer des victimes?
Abolissez plutôt, au nom du genre humain,
La loi d'un général devenu souverain.
Cruel, il rétablit la marque ineffaçable
Qui flétrit l'innocent ainsi que le coupable.
Mais peut-on ignorer qu'un coupable flétri
De son seul désespoir écoutera le cri?
Pour changer les penchans de son ame inhumaine,
Devait-on allumer son courroux et sa haine ?
De l'innocent flétri vous peindrai-je le sort?
Par la faim dévorante il fait venir la mort.
En un jour on a vu blanchir sa chevelure.
Peuple civilisé, va voir la flétrissure !
　　On trahit la justice, on en fait la terreur.
Vainement l'opprimé pleure ou frémit d'horreur :
En lui tout est suspect aussitôt qu'on l'accuse;
On veut qu'il soit coupable et que rien ne l'excuse.
Dans sa bouche, le vrai perd sa force et son prix;
On lui verse au barreau l'outrage et le mépris.
Fort de son innocence, il a beau se défendre :
On l'avait condamné, même avant de l'entendre.

La diffamation, précédant son arrêt,
Avait dans un libelle inventé son portrait
Et crié de sa mort le sinistre présage.
    On nous dit que la loi se fonde sur l'usage.
Doit-il être toujours la raison des États,
L'usage, dès long-temps père des attentats,
Et qui, pour plaire aux dieux, fit immoler des hommes ?
On en immole encor dans le siècle où nous sommes ;
On ose parmi nous dresser des échafauds.
L'usage cependant a flétri les bourreaux :
Les anoblirez-vous, au nom de la justice,
Avant qu'à votre tour vous marchiez au supplice ?
Faites-les révérer, en invoquant la loi,
Ou des bourreaux sanglans abolissez l'emploi.
Comment ne pas flétrir des meurtriers avares,
Toujours prêts à frapper et froidement barbares ?
Comment forcer le peuple à respecter leur rang,
Aussi vil qu'une loi qui s'abreuve de sang ?
Mais ne seraient-ils pas des pontifes augustes,
Ces ministres des lois, si les lois étaient justes ?
Grands sacrificateurs, vivraient-ils odieux,
Si l'homicide était la vengeance des dieux ?
On a vu cependant des juges homicides,
Joyeux d'exécuter leurs arrêts parricides.
Une hache à la main, ces bourreaux-magistrats
Savouraient le plaisir des plus grands scélérats,
Mutilaient sans fureur les victimes humaines
Qu'ils avaient longuement fait gémir sous les chaînes ;
Et, de sang altérés, prouvaient à l'univers
Que tous les criminels ne sont pas dans les fers.
Nouveau César, ô toi qui régis un empire,
Des bourreaux-magistrats garde-toi de médire !

Exécuter un meurtre est un moindre attentat
Que de le commander par la loi de l'État.
Jusqu'à nous égorger poussant l'obéissance ,
Tu trouves des agens soumis à ta puissance !
Crois-tu la conserver en dictant des arrêts
Qui dans ton ame un jour fixeront les regrets ?
Tremble : à t'exterminer la mort est toute prête ;
Suspendu par un crin , le glaive est sur ta tête.
Damoclès effrayé redoute le destin ,
Et quitte brusquement un dangereux festin.
Imite son exemple et, brisant ta couronne,
Renonce noblement au pouvoir qu'elle donne.
Quel pouvoir ! j'en frémis. Et la guerre et la paix,
Au nom de la justice , enfantent des forfaits ;
Les lois de la raison ne sont que des chimères,
Et la gloire consiste à massacrer des frères.
Sauvages ! apprenez ce que vous ignorez ,
Admirez le savoir des peuples éclairés :
La soif qui les dévore est chez eux étanchée
Par le sang qui jaillit d'une tête tranchée.
A sa chute, Thémis affrontant les regards,
Boit ce sang, à l'aspect des favoris de Mars ;
Leurs coursiers sont surpris de s'attrister ensemble ;
Le bourreau seul est fier des forces qu'il rassemble ;
Il est fier d'attirer l'œil de la cruauté
Par un meurtre public , avec pompe apprêté.
On l'a vu, d'un fer rouge étendant les ravages,
Lui-même se venger de vrais ou faux outrages.
D'une main arbitraire il promenait ce fer,
Dont les traits en sillons s'imprimaient dans la chair.
Hélas ! les condamnés ne sont-ils plus des hommes ?
Ouvrons, ouvrons les yeux, insensés que nous sommes :

Si la force des lois exige le trépas,
Le bourreau peut régner sur tous les potentats.
Il osa (tout mon sang bouillonne dans mes veines)
Flétrir par des soufflets et des rois et des reines,
En offrant abattus au peuple curieux
Leurs fronts humiliés, autrefois glorieux.
Ainsi, de la pudeur tu n'es plus idolâtre,
O toi qui vas orner un triste amphithéâtre !
Lorsque d'un mal léger ton épagneul se plaint,
La douleur te saisit, ta voix, ton œil s'éteint ;
Et tu peux figurer dans les horribles scènes
Où les coups sont portés sur des têtes humaines !
Le sophiste insensé qui ne veut que bourreaux
T'a donc formé le cœur au pied des échafauds.
Abjure les erreurs de sa doctrine infame ;
Que la voix d'Imilcé régénère ton ame !
On allait immoler Aspar, son jeune fils,
Quand l'amour maternel fit entendre ces cris :
    « Barbares, arrêtez et respectez sa vie !
» Un jour le bras d'Aspar peut sauver la Libye.
» Quelle religion et quelle cruauté !
» Quoi ! vous offrez du sang à la Divinité !
» Par des assassinats vous prétendez lui plaire !
» Non, aucun de nos dieux n'est un dieu sanguinaire :
» Les pères des humains ne sont point des bourreaux.
» S'il ne vous suffit pas d'immoler des taureaux,
» Ou si vous imputez aux dieux vos propres crimes,
» Moi-même, je veux être une de vos victimes.
» Je suis mère d'Aspar, frappez, voilà mon sein ;
» Je meurs pour le sauver, je bénis mon destin. »
    Modernes Imilcés, j'entends encor vos plaintes.
Que dis-je ? par le fer cruellement atteintes,

Vous n'êtes plus.... ò triste et déplorable sort !
La loi pour un seul cri vous fit donner la mort.
Quoi ! nos contemporains ont vu tant de victimes,
Et le code sanglant conserve ses maximes !
Et de cent écrivains, inconnus ou fameux,
On ose nous vanter les sophismes affreux !
De Mably, de Rousseau, de Montesquieu lui-même
Sur les sanglantes lois discutons le système.
L'auraient-ils soutenu sans avoir oublié
Tant d'iniques arrêts dont je suis effrayé ?
Publicistes savans , relisez leurs ouvrages ;
Aux prestiges d'un songe opposez vingt passages ,
Où d'illustres auteurs, trompés dans leur sommeil,
Se sont désabusés à l'instant du réveil ;
Consultez l'écrivain de la docte Ausonie :
L'Helvétie autrefois, couronnant son génie ,
Fit connaître un grand homme aux plus rares esprits,
Justes admirateurs de ses nobles écrits.
Là vous découvrirez les vérités utiles
Qui dans tous les climats ne furent point stériles ;
Et de l'humanité généreux défenseurs,
Vous combattrez pour elle et vous serez vainqueurs.
  Et vous de qui les noms restent dans les ténèbres,
Ou de qui les vertus en vain furent célèbres,
Vous tous dont l'innocence eut le sort des forfaits,
Venez mânes plaintifs , montrez-vous aux Français ;
Dites-leur mille fois : « Innocens ou coupables,
» Peuples et rois , craignez des arrêts exécrables. »
Mais, sans être alarmés au bruit de vos revers,
Les tyrans répondront : « Guerre à mort aux pervers !
» Il est moins dangereux de frapper l'innocence
» Que de trahir les lois d'une juste vengeance :

» Faudrait-il conserver les jours d'un assassin ? »
Vous pouvez l'empêcher de me percer le sein,
Sans que la loi répare un crime par un crime.
Voyez, législateurs, ce guerrier magnanime ;
Il a fait prisonniers ses plus fiers ennemis :
Donne-t-il le trépas à ceux qu'il a soumis ?
Son bras victorieux, maître de la vengeance,
Refuse d'immoler des hommes sans défense.
Leur coupe-t-il la main pour mieux assaisonner
Le barbare plaisir de les assassiner,
Ou leur imprime-t-il une lettre brûlante
Pour fixer les regards sur une chair fumante ?
Dira-t-on : « Ces mortels n'ont point trahi l'État ;
» La loi ne leur reproche aucun noir attentat ;
» Devant lui le vainqueur ne voit point des coupables ;
» Il voit des combattans domptés, mais estimables ? »
Quoi ! Thémis proscrirait jusqu'à l'humanité,
Quand Bellone anoblit la générosité !
Thémis s'arrogerait un droit imaginaire !
On lui prête ce droit qui la change en sicaire.
Les justes ne l'ont pas ; la loi ne peut l'avoir.
Confondra-t-on toujours le droit et le pouvoir ?
Sans doute, la défense à l'homme est naturelle,
Et sa main peut frapper sans être criminelle.
Mais, corps à corps, il cède à la nécessité.
Peut-il en être ainsi de la société ?
Sans prodiguer le sang elle peut se défendre :
Doit-elle l'épargner ? Doit-elle le répandre ?
Le vainqueur le plus grand, le vainqueur le plus fort
A l'ennemi dompté ne donne point la mort ;
Et cependant l'État, avec cérémonie,
A l'homme sans défense ose arracher la vie.

Les tigres et les ours sont moins cruels que nous :
Les voit-on, rassemblés et libres de courroux,
Conduire fièrement leurs pareils au supplice ?
Examinons s'il faut qu'un coupable périsse.

Les pervers, excités à voir couler le sang,
Apprennent de vos lois à nous ouvrir le flanc.
Le peuple sans effroi voit tomber mille têtes :
Pour endurcir les cœurs vos lois sont-elles faites ?
Les spectacles sanglans ne font que pervertir
Le vulgaire insensé qui va s'y divertir.
Frémissez, entendez ses grands cris d'allégresse,
A l'instant où le fer s'échappe avec vitesse,
Tombe, frappe, sépare et la tête et le corps....
O cruelle allégresse ! ô barbares transports !
Français, le croirez-vous ? On a vu des sauvages
Qui, venant de pousser des cris d'anthropophages,
Dansaient, ivres de joie, autour des échafauds,
Le front couvert du sang versé par les bourreaux....
Voilà donc la frayeur utile et salutaire
Qu'inspire des tyrans le code sanguinaire !
Craignons de rencontrer, la nuit ou dans un bois,
Les spectateurs du meurtre ordonné par les lois.
Cependant, à l'aspect d'une tête sanglante,
On croit faire régner l'horreur et l'épouvante ;
Mais qui peut ignorer que les cœurs criminels
Sont fermés à l'effroi des spectacles cruels ?
L'effusion du sang, loin d'empêcher les crimes,
A toujours augmenté le nombre des victimes.
L'effroi saisit les cœurs où règne la bonté ;
Mais il est sans pouvoir sur la perversité.

Ainsi, l'homme de bien, par votre affreux système,
Connaît seul la frayeur et tremble pour lui-même.
Supposons toutefois qu'enfin les tribunaux
Livrent le seul coupable au glaive des bourreaux :
La morale, d'accord avec l'expérience,
Vous dit : Abandonnez la funeste vengeance ;
Pourquoi punissez-vous sans vouloir corriger ?
Impassible, la loi peut-elle se venger ?
Selon vous, les pervers ne sont pas corrigibles :
Vous qui le décidez, êtes-vous infaillibles ?
En voyant les mortels passer du mal au bien,
Pour vous l'humanité ne sera-t-elle rien ?
Des condamnés à mort, sauvés par leur adresse,
Pratiquèrent les lois d'une austère sagesse.
Mais si des criminels peuvent se convertir,
Devez-vous préférer la mort au repentir ?
La mort, la mort, voilà le remède facile
Qui, ne réparant rien, est toujours inutile.
Faut-il que des États l'esprit et le savoir,
Se bornant à l'abus des droits et du pouvoir,
Ne puissent opposer à l'artisan du crime
Que l'art d'amonceler victime sur victime ?
Du génie épuisé le merveilleux effort
Serait-il d'ordonner l'appareil de la mort ?
    Pour la seule innocence une peine effroyable
Révolte la raison que n'a point le coupable,
La raison qui vous crie : Arbitres du trépas,
Pouvez-vous ranimer les cendres de Calas ?
Voulez-vous que les lois soient toujours parricides ?
Du bras de l'assassin vos codes sont les guides.
Un meurtre par un meurtre est-il donc effacé ?
Le sang n'efface pas le sang qui fut versé.

Plus forts qu'un seul méchant, vous ne pouvez le craindre ;
A d'utiles travaux vous devez le contraindre.
Sa résistance est faible, et vous êtes puissans ;
Sachez donc gouverner ses bras obéissans.
Selon que son délit fut plus ou moins nuisible,
Imposez-lui sa tâche, ou plus ou moins pénible :
L'aveugle mort confond les attentats divers ;
On demande la mort, demande-t-on les fers ?
On ne craint pas la mort, on la cherche, on l'appelle,
L'expérience parle, et sa voix est fidèle.
Tantôt, dans les transports de leur égarement,
Deux mortels, aveuglés par le ressentiment,
Et croyant que l'honneur dépend de la vengeance,
Vont laver dans leur sang une légère offense ;
Tantôt, un faux Caton de sang-froid se détruit :
Craint-il de se plonger dans l'éternelle nuit ?
A Paris comme à Londres on méprise la vie,
Et se donner la mort est une noble envie.
Craint-il la mort celui qui, sur un grand chemin,
Frappe les voyageurs d'une sanglante main ?
La mort, l'avide mort l'assiége et le menace ;
Il la brave et se livre à toute son audace.
Il ne braverait pas un travail éternel :
Souvent l'oisiveté l'a rendu criminel.
La mort n'est à ses yeux qu'un instant de souffrance ;
Mais le travail l'effraie, il en craindrait la chance.
Vouez donc à la glèbe et non aux sombres bords
L'assassin dont la vie appartient aux remords.
En vain vous alléguez qu'il va prendre la fuite :
Veillez où, s'il échappe, allez à sa poursuite ;
Il est seul, il a peur, il craint d'être arrêté,
Il traîne sa prison avec la liberté.

Tyrans, n'invoquez plus vos droits ni la justice,
Lorsque votre courroux veut qu'un mortel périsse;
Apprenez qu'aucun droit ne permet d'égorger :
Le droit de nous détruire est un droit mensonger.
Comme s'il était vrai devez-vous y prétendre?
Les mortels ne l'ont pas, et vous osez le prendre!
Nos jours sont à Dieu seul qui nous les a donnés.
Par son bras les méchans sont-ils exterminés?
Au meurtrier d'Abel Dieu conservant la vie,
Ne défendit-il pas qu'elle lui fût ravie?
Et si Dieu condamna le coupable Caïn
A labourer les champs, stériles sous sa main,
D'où vient que l'homme impie, en son affreux système,
S'arroge le pouvoir d'une vengeance extrême?
Comment d'un tel pouvoir n'être pas révolté!
Sans modération où donc est l'équité?

Apôtres de la mort, sachez quels sont vos guides :
Ceux que vous flétrissez du nom de régicides.
Leur morale est la vôtre, et vous suivez leurs pas,
Vous tous qui dévouez les humains au trépas.
En frappant les sujets, on frappe aussi les maîtres.
Gardons-nous d'imiter nos barbares ancêtres!
Leurs supplices affreux n'ont pas sauvé les Rois.
Si le sang des mortels appartenait aux lois,
Plus humaines, les lois ne pourraient le répandre.
Mais on le fait couler, dit-on, pour nous défendre.
Un prétexte, une erreur ne séduit pas toujours;
On ne peut nous défendre en terminant nos jours.
J'abhorre une défense illusoire et funeste
Qui dérobe à nos yeux cette voûte céleste,
Ces globes suspendus sur la terre et les mers,
Ces plaines, ces forêts et ces fleuves divers,

Ces monts et ces rochers qui portent dans les nues
Les sommets orgueilleux de leurs têtes chenues.
J'admire ce spectacle indifférent pour toi,
Misérable Attila qui règnes par l'effroi.
J'oserai cependant combattre ta doctrine ;
Et de tes noirs arrêts éclaircir l'origine.
    On suppose un traité qui ne fut point écrit,
Et qui des lois de sang nous découvre l'esprit :
« Sans craindre les erreurs d'une loi meurtrière ,
» Tout mortel, lui donnant sa confiance entière,
» S'engage pour jamais à voir venir la mort
» Si, devenu coupable, il a bravé son sort ,
» Ou s'il faut que l'État, maître de la justice ,
» Juge qu'un innocent doit marcher au supplice. »
    La seule tyrannie inventa ce traité ;
Toutefois on le prête à la société ;
On établit la loi fatale et parricide
Sur le consentement d'un peuple suicide ;
Mais fut-il sur la terre un peuple d'assassins
Qui, voulant s'égorger, ait réglé nos destins ?
Si l'homme disposait de sa propre existence ,
L'existence d'autrui serait en sa puissance.
Pourrait-il accorder , sans le plus grand danger ,
Un droit qu'il n'eut jamais, le droit de s'égorger ?
Où la raison n'est pas , le droit est chimérique.
On le met dans la force et dans la politique ,
Sans voir que les excès du sceptre le plus fort
Révoltent les mortels qui brisent son ressort.
    Mais franchissant les mers , je vois Philadelphie ,
Où les lois sont l'esprit de la philosophie.
Là , de grands criminels , en Europe nombreux ,
Ourdissent rarement des complots ténébreux ;

Là , du législateur la sagesse profonde ,
Animant l'industrie , est la leçon du monde.
Les prisons n'y sont pas des cloaques bruyans ,
Où pullulent toujours les vices effrayans ;
Là, règnent jour et nuit l'œil de la vigilance,
La crainte , sans terreur, le calme et le silence ;
Là, sont des ateliers , par l'État protégés ,
Et par les mains de l'art les crimes sont vengés.
Sans la peine de mort en ces lieux on respire ;
De la douceur des lois on y connaît l'empire.
    Loin de ces bords humains on vit d'autres États,
Exister sans la loi prodigue d'attentats,
Qui toujours dans le sang replonge la patrie,
Et confond la justice avec la barbarie.
    La Toscane exista sans la loi des tyrans.
Léopold, sers d'exemple aux plus fiers conquérans ,
Et que l'humanité soit leur noble conquête !
Montre-leur ton vaisseau qu'épargna la tempête ,
Et qui vogua vingt ans éloigné des rochers
Où le courroux des flots entraîne les nochers.
O Prince ! qu'en tous lieux ta gloire soit chantée !
Puisse-t-elle éclairer la terre ensanglantée !
    Jadis Élisabeth , qui gouverna le Nord ,
Brisa la dure faux de la cruelle mort.
Heureux si , proscrivant tout horrible supplice ,
Les Czars, ses héritiers, modèrent leur justice ,
Humanisent les mœurs , et les lois , et la cour,
En condamnant le crime à supporter le jour !
Qu'ils ouvrent au coupable une utile carrière ,
Sans révolter les cœurs et la nature entière !
Moscovite , Espagnol , Grec , Turc ou Hottentot ,
Si l'homme est en tous lieux l'ouvrage du Très-Haut,

Peut-on, sans outrager le Dieu de la nature,
Mutiler de sang-froid l'homme, sa créature ?
Faut-il, pour les punir, retracer les forfaits ?
Dispensons des travaux unis à des bienfaits.
— Des bienfaits aux méchans ! quel étrange langage !
— Voyez l'astre des cieux dissipant un orage :
Quand sa chaleur féconde anime l'univers,
Ne la verse-t-il pas sur les hommes pervers ?
    La hache de vos lois funeste aux républiques,
Sape les fondemens des États monarchiques,
Et nous vient d'un despote, au front pâle et sanglant,
Dévoré de soucis, ombrageux et tremblant,
Craignant la liberté non moins que la licence :
Il tomba sous le poids de sa propre puissance.
    Chez les peuples divers, la sanglante terreur
A la rébellion poussa l'homme en fureur ;
Et cependant on ose ensanglanter la terre !
On imite le roi, Néron de l'Angleterre :
Le barbare croyait que l'art de gouverner
Autorise les rois à nous assassiner.
Des princes adorés il ignorait la gloire ;
Et confondant des rois les noms et la mémoire,
Méconnaissait les rangs que nous voyons entr'eux :
Les faibles sont cruels, les forts sont généreux.
Sous Tibère et Néron Rome fut abhorrée ;
Sous Aurèle et Trajan Rome fut honorée.
Capitale du monde, orgueilleuse cité,
Ta gloire s'obscurcit devant l'humanité :
Je ne puis oublier ta roche tarpéienne.
Ton code te condamne, ou païenne ou chrétienne.
Jadis tes citoyens, près d'être mis en croix,
Invoquaient vainement leurs titres et tes lois.

Rougis de ton destin : comme autrefois barbare,
Tu règnes par la mort, honte de la thiare;
Change tes lois de sang, le meurtre est criminel,
Révolte la nature, offense l'Éternel.
A la noire vengeance un lâche s'abandonne;
Le Dieu de l'univers est bon et nous pardonne.
  Vous dites que partout on remit en vigueur
Des sentences de mort la trop juste rigueur;
Qu'une loi nécessaire en vain est abolie,
Et qu'en tous les climats elle fut rétablie.
— Mille sociétés n'existent-elles pas
Sans invoquer la loi qui condamne au trépas?
En la rétablissant, on accroît les victimes;
Aux crimes trop nombreux on ajoute des crimes;
On foule aux pieds la gloire, on veut être inhumain;
On pardonne une offense, un poignard à la main;
On frappe la vertu, trop souvent malheureuse;
On la livre aux bourreaux, la rendront-ils affreuse?
Le méchant l'aperçoit, il recule, il a peur,
Il l'évite et du crime attend le prix trompeur.
Cruels qui le poussez au bord du précipice,
Que lui reprochez-vous? ce que fait la justice,
En frappant la vertu des plus terribles coups.
Trompé par votre exemple, il a fait comme vous.
Oui, l'exemple du meurtre en inspire l'audace,
Fait armer l'assassin, éternise sa race :
Les frères, les amis brûlent d'être vengés.
Quels cris! quel désespoir! « Vous serez égorgés;
» Nous affrontons la mort, cédons à la nature;
» N'écoutons que le droit de venger une injure. »
Ainsi, de crime en crime une loi vous conduit;
Ainsi, par la vengeance un cœur faible est séduit.

Mais le législateur , plus grand que le vulgaire,
Devait-il , écoutant une ardeur sanguinaire,
Ignorer que des lois le meurtre destructeur,
De l'un à l'autre pôle, est partout en horreur ?
Devait-il rétablir la peine capitale ,
Aux mœurs, à la raison, à la vertu fatale ?
Devait-il, l'œil fermé sous un triple bandeau,
Pour réparer un meurtre , en vouloir un nouveau ?
Devait-il commander ce qu'il voulut défendre ?
Est-ce pour l'aiguiser qu'il aurait dû le prendre
Ce poignard, instrument des lâches assassins ,
Et non des magistrats ou de leurs souverains ?
Faut-il, pour la venger révolter la nature ?
OEil pour œil, dent pour dent , fracture pour fracture,
Telle était autrefois la loi du talion ,
Qu'inspira la fureur du tigre ou du lion ,
Que vantait Charondas , que blâmait Aristide ,
Et qui servit de règle à la loi parricide,
Mais d'où vient qu'une loi dont les droits apparens
Trompèrent la raison des peuples ignorans ;
Qu'une loi par le crime autrefois inventée ,
Prête à des tribunaux sa faux ensanglantée ?
D'où vient que les forfaits sont suivis de forfaits ,
Et que du criminel le juge prend les traits ?
La loi du talion , que prôna l'ignorance,
Devrait-elle en Europe étendre sa puissance ?
Injuste , surannée , abolie , en horreur,
Comment donc cette loi peut-elle être en vigueur ?
O de la tyrannie insolence effrénée !
La justice exécute une loi condamnée !
On veut que par le meurtre un meurtre soit vengé ;
On veut que dans le sang le fer soit replongé !

La loi de la raison nous conserve la vie ;
La loi qui nous l'arrache, est une barbarie ;
Enseigne la vengeance, excite aux attentats,
Fait du meurtre un devoir, dégrade les États,
Confond la soif du sang avec la politique,
Et livre à des bourreaux la morale publique.

Répondez, souverains, et vous, législateurs :
Voulez-vous par les lois purifier les mœurs ?
Des meurtres solennels ne souffrez pas l'exemple :
Sans en être effrayé le peuple les contemple.
Songez que l'innocence a péri sous vos lois.
Les bourreaux ont frappé des citoyens, des rois,
Des vierges, des vieillards, des familles entières,
Victimes de vos lois, de vos lois meurtrières.
Toujours aux innocens donnerez-vous la mort ?
Si la prévention détermine leur sort,
Si tous les condamnés ne sont point des coupables,
Pourquoi leur portez-vous des coups irréparables ?
Pourquoi charger encor ces hideux tombereaux,
D'où les têtes roulaient en de vastes tombeaux ?
Relisez, méditez vos lois et vos sentences.
Hélas ! peut-on y voir le pardon des offenses,
Ce pardon généreux, délices des grands cœurs
Qui de leurs ennemis fait des admirateurs ?
Frémissez au seul nom de vindicte publique ;
Préférez au courroux la clémence héroïque ;
Réformez votre code, ouvrage des Sylla,
Des Néron, des Tibère et des Caligula.
Féroces héritiers de ces tyrans horribles,
Loin d'ici : je m'adresse à vous, mortels sensibles,

Amis de la justice et de l'humanité,
Plus grands par la raison que par l'autorité ;
Civilisez l'Europe, encor, encor barbare,
Guidez le voyageur qu'un faux chemin égare :
Le coupable est un homme, humanisez vos lois ;
Dans les atrocités ne puisez pas vos droits.
Où la cruauté règne il n'est point de justice ;
Jamais, jamais Titus n'ordonna le supplice.
La vengeance et le meurtre, issus des tribunaux,
Et des mœurs et des lois sont les plus grands fléaux ;
Les sentences de mort font gémir la patrie ;
Que l'oreille et le cœur s'ouvrent quand elle crie :
« Rois, sachez gouverner sans la loi du trépas ;
» Corrigez les pervers, ne les égorgez pas ;
» Abolissez enfin une loi criminelle :
» L'humanité vous offre une palme immortelle. »

OBSERVATION.

La doctrine que j'attaque dans le discours précédent et dans les discussions suivantes est contraire à la raison et au sentiment du plus grand nombre des hommes éclairés. Pour arriver à cette vérité, il suffit de se rappeler quelques mots des principaux orateurs qui, à l'époque du procés de Louis XVI, se prononcèrent contre la peine de mort.

Premier mot. La peine de mort est absurde, barbare, propre à rendre les mœurs féroces, et une des grandes causes des maux dont gémit la société. Bancal.

2. La peine de mort est contre mes principes ; je ne la voterai jamais. Condorcet.

3. Il me paraît malheureux que les hommes qui font les lois, puissent ordonner la mort d'un homme. Creusé-Latouche.

4. Il n'entrera jamais dans mes principes de voter la mort contre mon semblable. Dufestel.

5. Il y a long-temps que j'ai manifesté mon vœu le plus positif pour la suppression de la peine de mort. Dufriche-Valazé.

6. La mort du coupable ne peut réparer le crime commis. Fourny.

7. La peine de mort m'a toujours semblé immorale et contraire à son but. Garran-Coulon.

8. Jamais la liberté d'un peuple ne dépendra de la mort d'un homme, mais bien de l'opinion publique et de la volonté d'être libre. Grangeneuve.

9. Je voudrais voir effacer la peine de mort du Code pénal. Guyomard.

10. L'idée d'une nation qui se venge ne peut entrer dans mon esprit : l'inégalité d'une telle lutte le révolte. Kersaint.

11. Le peuple n'a pas le droit d'égorger un prisonnier vaincu. Lanjuinais.

12. Je pense que l'homme n'a pas le droit de condamner l'homme à la mort. Lepage.

13. Le droit de mort n'appartient qu'à la nature ; le despotisme le lui avait pris, la liberté le lui rendra. Manuel.

14. Cette peine barbare ne devrait plus souiller notre code. Marquis.

15. Je veux donner à ma nation, non la férocité du tigre qui déchire, mais le courage du lion qui méprise. Rabaut-Saint-Étienne.

16. Serait-il vrai que la tête d'un seul homme, abattue ou conservée, pût changer la destinée d'un empire ? Villette.

DISCUSSIONS

OÙ L'ON EXAMINE

L'OPINION DE MABLY, DE J. J. ROUSSEAU, DE FILANGIERI,
ET DE MONTESQUIEU,

SUR LA PEINE DE MORT.

De Mably, de Rousseau, de Montesquieu lui-même
Sur les sanglantes lois discutons le système.

Page 21.

PREMIÈRE DISCUSSION.

Examen de l'opinion de Mably.

MABLY. Dans l'état de nature, j'ai droit de mort contre celui qui attente à ma vie.

VALANT. Le droit de mort sur un assassin ne va point au-delà du moment de l'attaque.

MABLY. En entrant en société, j'ai résigné ce droit au magistrat.

VALANT. Ce droit est inaliénable. L'homme qui se défend corps à corps use d'un droit qui lui est propre. Il n'en ferait point l'exercice, il y renoncerait, il le perdrait si au lieu d'en user au moment de l'attaque, il appelait le magistrat. En supposant qu'il ait le temps de l'appeler, sans

3*

courir le risque de perdre la vie , il ne prétend ni convertir le magistrat en bourreau , ni faire une concession ; il ne veut que se délivrer de son assassin. Ce n'est pas en entrant en société que je suis attaqué. L'assassin qui cherche à faire de moi une victime , saisit l'instant où je suis seul. Je me défends ; mais la défense que j'oppose à mon agresseur n'a rien de commun avec une peine. La défense de soi-même est un acte commandé par la nature , la peine est l'effet de la loi ; la défense est violente , l'objet de la peine exclut la violence; la défense ne souffre aucun retard , la loi n'est prononcée qu'après un examen incompatible avec la précipitation ; la nécessité me fait repousser une attaque par la mort de l'agresseur , la peine, pour être juste , exige une réparation utile en même temps au coupable et à la société : une telle réparation n'est point dans la mort du coupable. La loi est le choix fait par la volonté générale , du mode obligatoire d'un contrat. Or , si la peine doit être prononcée par la loi , elle ne peut avoir pour règle la défense naturelle , mais violente , d'un seul homme contre son agresseur. Tête à tête avec mon ennemi , je suis réduit à l'alternative de tuer ou d'être tué. Jamais la société , armée contre un de ses membres , n'est réduite à une pareille alternative. En confondant la défense avec la peine , Mably a confondu deux choses bien distinctes , la faiblesse d'un seul homme avec la force de la société. La concession dont il parle est chimérique, à moins qu'il n'ait eu en vue des esclaves, dont les hordes, fussent-elles délibérantes, ne feraient pas autorité. Une association libre, sous un chef légitime, ne donne point au magistrat le droit de tuer. Cette concession serait fatale ; on en abuserait contre ceux qui l'auraient faite ; l'abus en serait irréparable. Il est évident que le magistrat, n'étant point infaillible, ne doit disposer de la vie d'un homme, que dans le cas d'une attaque personnelle.

MABLY. Parce qu'un assassin croit faire le plus grand mal à son ennemi, en lui ôtant la vie, regardant la mort comme le plus grand des maux, c'est par la crainte de perdre la vie qu'il faut arrêter les emportemens de la haine et de la vengeance. (*De la Législation*, liv. III, chap. 4.)

VALANT. Le législateur prendrait pour modèle un assassin qui *croit* faire le plus grand mal à son ennemi, en lui ôtant la vie ! Mais le législateur doit-il *croire* qu'il est avantageux de faire le plus grand mal ? L'assassin qui ôte la vie à son ennemi, et qui est aveuglé par le ressentiment ou par toute autre passion, n'a pas le droit de l'enfermer dans une prison ; il est féroce parce qu'il est faible. Ne sied-il pas au législateur d'être humain parce qu'il est fort ? N'est-il pas éclairé par la raison ? N'est-il pas au-dessus d'un esclave de la haine et de la vengeance ? Mably n'a fait cependant du législateur qu'un vil personnage, qui change en loi l'effet de la passion du coupable.

Voyons si Rousseau a mieux plaidé que Mably, en faveur de la peine de mort.

DEUXIÈME DISCUSSION.

Examen de l'opinion de J.-J Rousseau.

Rousseau. Tout homme a droit de risquer sa propre vie pour la conserver.

Valant. S'il peut choisir entre différens risques, il ne doit pas courir le pire de tous.

Rousseau. A-t-on jamais dit que celui qui se jette par une fenêtre, pour échapper à un incendie, soit coupable de suicide ?

Valant. Ce n'est pas dans un danger imminent que la société aurait pu se rendre contractante; elle a eu le temps d'éviter le saut périlleux.

Rousseau. A-t-on même jamais imputé ce crime à celui qui périt dans une tempête dont, en s'embarquant, il n'ignore point le danger ?

Valant. De ce qu'un ambitieux brave la tempête, s'ensuit-il que tous les membres d'une association doivent s'embarquer ? Caton regardait comme une de ses grandes fautes celle de s'être confié à la mer.

Rousseau. Le traité social a pour fin la conservation des contractans.

Valant. Les détruire est-ce les conserver? La sûreté de tous n'est point dans le danger que chacun court de subir le sort de Calas, de Malesherbes, de Morus ou de Barneveldt.

Rousseau. Qui veut la fin veut aussi les moyens; et ces moyens sont inséparables de quelques risques, même de quelques pertes.

Valant. Ne faut-il pas opter entre ces moyens, ces risques et ces pertes?

Rousseau. Qui veut conserver sa vie aux dépens des autres, doit la donner aussi quand il le faut.

Valant. Le droit de représailles, pour être si commun, n'en est pas plus légitime. J'ajoute que la volonté de conserver sa vie aux dépens des autres, n'est point la volonté générale, et que la volonté de quelques méchans ne doit pas compromettre la sûreté publique.

Rousseau. Or, le citoyen n'est plus juge du péril auquel la loi veut qu'il s'expose; et quand le Prince lui a dit : *Il est expédient à l'État que tu meures*, il doit mourir.

Valant. Ce n'est pas le plus humble des esclaves, c'est le plus fier des citoyens, le citoyen de Genève qui nous enseigne à mourir lorsqu'un Caligula veut nous égorger. Mais Rousseau ne sort-il pas de la question? Nous n'en sommes point à l'exécution du pacte social; nous en sommes à l'établissement de ce pacte. Il s'agit d'un contractant, et non de celui qui est déjà lié en vertu d'un contrat. Rousseau confond un contrat, qu'il suppose fait, avec un contrat qui jamais ne fut accepté.

Rousseau. C'est pour n'être pas la victime d'un assassin que l'on consent à mourir, si on le devient.

Valant. Ce consentement est illusoire. Tout accusé d'assassinat n'étant pas un assassin, et pouvant être regardé comme tel, la société doit empêcher la mort d'un innocent, au lieu d'y consentir. Le consentement dont il s'agit supposerait l'infaillibilité des tribunaux.

Rousseau. Dans ce traité, loin de disposer de sa vie, on ne songe qu'à la garantir; et il n'est pas à présumer qu'un des contractans prémédite alors de se faire pendre.

Valant. Ne peut-on pas être pendu sans avoir prémédité de se faire pendre? Est-il vrai qu'en ne se proposant pas de perdre sa fortune, un joueur la conserve? Le prix de la vie est au-dessus de celui de la fortune. La société surpasserait donc en démence un misérable joueur si, par un traité dont la simple supposition est absurde, elle aliénait la vie de ses membres, en la confiant à des accusateurs, et même à des magistrats intègres. Les uns ne sont-ils pas le plus souvent aveuglés par la passion, et les autres ne le sont-ils jamais par l'erreur?

Rousseau. D'ailleurs, tout malfaiteur, attaquant le droit social, devient par ses forfaits rebelle et traître à la patrie; il cesse d'en être membre, en violant ses lois; il lui fait la guerre.

Valant. Sans doute les crimes doivent être expiés ; mais il ne s'agit nullement de cette vérité banale ; il s'agit du genre de punition à exercer contre celui qui a cessé d'être membre de la patrie, en violant ses lois, et qui lui fait la guerre.

Rousseau. Quand on fait mourir le coupable, c'est moins comme citoyen que comme ennemi.

Valant. Est-il armé quand vous le faites mourir ? S'il ne l'est pas, vous ne pouvez l'égorger sans vous rendre criminel.

Rousseau. Un tel ennemi n'est pas une personne morale, c'est un homme ; et c'est alors que le droit de la guerre est de tuer le vaincu. (*Contrat social*, liv. III, chap. 5.)

Valant. Un philosophe qui fonde sa logique sur le droit de la guerre est un inconcevable raisonneur ; il est plus inconcevable encore lorsqu'il avance que le droit de la guerre est de tuer le vaincu. Lisez la note sur le vers de la page 22 :

Voyez, législateurs ce guerrier magnanime.

J'oppose Rousseau à Rousseau lui-même : « La
» fin de la guerre, dit-il (*Contrat social*, liv. I,
» chap. 4), étant la destruction de l'État ennemi,
» on n'a droit d'en tuer les défenseurs, que tant
» qu'ils ont les armes à la main ; mais aussitôt qu'ils
» les déposent et se rendent, cessant d'être en-
» nemis ou instrumens de l'ennemi, ils rede-
» viennent simplement *hommes*, et l'on n'a plus
» de droit sur leur vie. »

Rousseau ajoute (*Contrat social*, liv. II, chap. 5) : « Il n'y a point de méchant qu'on ne pût rendre » bon à quelque chose. »

On voit que celui de nos écrivains qui aime le plus à soutenir le pour et le contre, vient de détruire ses paradoxes sur la peine de mort.

On est surpris qu'entre autres publicistes, il ait induit en erreur Filangieri. Je vais répondre à ses objections avant de passer à celles de Montesquieu.

TROISIÈME DISCUSSION.

Examen de l'opinion de Filangieri.

Filangieri. L'homme, dans l'état de nature, a droit à la vie; il ne peut renoncer à ce droit; mais il peut le perdre par ses crimes.

Valant. Les deux premières propositions ne prouvent rien en faveur de la prétendue légitimité de la peine de mort. La troisième proposition n'est autre chose qu'un sophisme : car la perte d'un droit n'est pas toujours éprouvée par un criminel.

Filangieri. Tous les hommes ont, dans cet état, le droit de punir la violation des lois naturelles.

Valant. J'ai démontré, en réfutant Mably, que le droit de se défendre ne doit pas être confondu avec le droit de punir.

Filangieri. Et si la violation des lois naturelles a rendu le transgresseur digne de mort, chaque homme a droit de lui ôter la vie.

Valant. On a tiré de la nécessité de se défendre, dans un danger imminent, des inductions tellement erronées, qu'elles ont fait regarder comme choses exactement semblables, la cessation et la durée d'une attaque criminelle, le pouvoir et le droit, la défense et la punition.

Filangieri. Or ce droit que, dans l'état d'indépendance naturelle, chacun avait sur tous et que tous avaient sur chacun, a été transmis à la société et déposé entre les mains du souverain.

Valant. Quelle est donc cette législation qui, établissant le droit de tuer, au lieu de le détruire, nous apprend que, d'après la loi naturelle, chacun est fondé à s'armer contre tous ; que tous doivent s'armer contre un seul ; qu'un droit arbitraire a été transmis à la société ; qu'un pouvoir usurpé par le despotisme est un droit qui lui appartient légitimement, et que la concession en a été faite par la société !

Filangieri. Le droit qu'a le souverain d'infliger la peine de mort, comme toute autre peine, ne dépend donc pas de la cession des droits que chacun avait sur soi-même, mais de la cession des droits que chacun avait sur les autres.

Valant. Les droits que, dans l'état de nature, nous avions les uns sur les autres, ne consistaient que dans le pouvoir. Mais ce pouvoir ne fut-il jamais en opposition avec la justice ? S'il était juste, on n'avait pas besoin de le transmettre ; on ne devait pas craindre d'en user soi-même ; s'il était injuste, la concession en était absurde ; elle n'a été que supposée ; on en parle comme si elle était réelle. On a voulu adoucir, sous le nom de *cession de droits*, une véritable usurpation faite par le souverain, au préjudice de la société, usurpation d'autant plus funeste, qu'elle a eu pour effet la condamnation d'un nombre infini d'innocens à une peine dont l'injustice est irréparable.

FILANGIERI. Au même instant que j'ai déposé dans les mains du chef de la société le droit que j'avais sur la vie des autres, ceux-ci lui ont confié le droit qu'ils avaient sur la mienne.

VALANT. Où est la preuve de chacune de ces deux assertions ?

FILANGIERI. Et c'est ainsi que, moi et les autres membres de la société, sans céder notre droit à la vie, nous sommes également exposés à la perdre, si nous venons à commettre ces excès contre lesquels l'autorité législative a prononcé la peine de mort.

(Filangieri, *Science de la Législation*, tom. IV, chap. 5, pag. 32 et suiv.)

VALANT. Il est constant, d'après Filangieri, que nous ne cédons pas notre droit à la vie, et que nous transmettons seulement nos droits sur les jours d'autrui ; mais est-il constant que cette dernière concession soit admissible et qu'elle serve de garantie à la société ? Des droits sur les jours d'autrui ! Quelle doctrine ! combien n'a-t-elle pas multiplié les assassins et les fauteurs des vengeances ! Une longue expérience, dans tous les siècles et dans tous les pays, démontre-t-elle que nous ne sommes exposés à périr sur un échafaud, que lorsque nous avons commis des crimes ? En prononçant la peine de mort, l'autorité législative s'est abandonnée au plus grand des excès contre elle-même et contre la société, puisqu'il est évident que tous les membres de l'une ou de l'autre, qui ont subi la peine de mort, n'étaient point criminels.

Passons à l'opinion de Montesquieu.

QUATRIÈME DISCUSSION.

Examen de l'opinion de Montesquieu.

Montesquieu. Cette peine est tirée de la nature de la chose, puisée dans la raison et dans la source du bien et du mal.

Valant. Si le meurtre est la nature de la chose dont parle l'auteur de *l'Esprit des Lois*, on ne peut lui accorder que la peine de mort soit puisée dans la raison et dans les sources du bien. Le bien, relativement à toute peine, est dans la modération. Quant aux sources du mal, il faut les voir dans les pernicieux exemples de cruauté.

Montesquieu. Un citoyen mérite la mort, lors-qu'il a violé la sûreté au point qu'il a ôté la vie ou qu'il a entrepris de l'ôter.

Valant. L'abus de ces mots : *Un assassin mérite la mort*, a fait périr injustement une partie du genre humain. Le grand meurtrier Sylla promulgua les lois cornéliennes contre le meurtre. Il y a autant de démence à vouloir réparer un meurtre par un meurtre, qu'il y en aurait à brûler la maison d'un homme assez insensé pour avoir mis le feu dans celle de son voisin.

Montesquieu. Cette peine de mort est comme le remède de la société malade. (*Esp. des Lois*, liv. XII, chap. 4.)

Valant. Ce n'est point la société, c'est un de ses membres qui est malade. Que penser d'un remède qui tue, au lieu de guérir, et que l'on a donné à tant de sages qui n'étaient point malades ?

Montesquieu. Ce qui fait que la mort d'un criminel est une chose licite, c'est que la loi qui le punit a été faite en sa faveur.

Valant. Disons plutôt : Ce qui fait que la peine de mort est pernicieuse, c'est que des innocens ont été condamnés à perdre la vie, sous prétexte qu'ils étaient coupables. Montesquieu a beau prétendre que la loi qui les a punis avait été faite pour leur avantage : un tel sophisme ne peut justifier, ni la loi meurtrière, ni les vengeances du pouvoir, ni les erreurs des tribunaux.

Montesquieu. Un meurtrier, par exemple, a joui de la loi qui le condamne : elle lui a conservé la vie à tous les instans ; il ne peut donc réclamer contre elle. (*Esp. des Lois*, liv. XV, chap. 2.)

Valant. Avoir joui d'une loi qui tant de fois a indistinctement condamné des innocens et des coupables, qui cependant leur a conservé la vie *à tous les instans*, et ne pouvoir réclamer contre une loi dont l'abus est irréparable : voilà des idées tellement incohérentes, qu'il est difficile de se persuader qu'elles font partie du livre de *l'Esprit des Lois*. Concluons que des sophismes, quelque célèbre qu'en soit l'auteur, ne rendent point légitime la peine de mort ; et qu'au jugement de la raison, indépendante des préjugés funestes, des coutumes atroces et de tout intérêt condamnable, un meurtre public, ordonné par des hommes réunis contre un seul homme sans défense, est un crime plus révoltant encore qu'un meurtre caché dont un scélérat s'est rendu coupable.

NOTES.

PAGE 7.

Le meurtre avec la peine est encor confondu.

Suivant Platon, la *peine* est une précaution contre le crime. Or, de toutes les précautions, celle qui suffit pour arrêter le crime est sans contredit préférable à un meurtre.

Grotius et Puffendorf ont défini la *peine : Un mal qu'on souffre pour le mal qu'on a fait.* D'après cette dernière définition, il est évident que le crime doit être réparé; mais on ne peut en inférer raisonnablement qu'un meurtre soit une réparation utile et nécessaire.

« En sanscrit, dit M. le comte Lanjuinais, dans l'Histoire natu-
» relle de la parole de Court de Gebelin (nouv. édit. page 318),
» *pounya*, d'où viennent *pœna* et *peine*, signifie *punir, purifier....*
» Punir, c'est rendre à l'homme sa pureté morale. »

PAGE 8.

*Répare-t-elle en moi les torts de la justice
Qui, deux fois, par méprise, ordonna mon supplice?*

Le grand nombre des injustices d'autrefois ne permet pas au gouvernement d'adoucir le sort de ceux qui furent prisonniers sous Robespierre et sous Buonaparte. Il me suffira donc, après avoir été deux fois condamné à mort, dans six semaines, sous le règne de la terreur, de faire remarquer la cause d'une double méprise de la justice révolutionnaire, et d'oublier que, lors de l'affaire *Malet,* je fus métamorphosé en prisonnier d'État par un ordre arbitraire.

Le jour de la seconde méprise, on avait appelé *Valant* à la place de *Volland*, et l'on me soutenait que *le tribunal révolutionnaire ne se trompait pas deux fois sur l'identité d'un accusé.* Je fus cependant assez heureux pour me faire écouter, et le tribunal me renvoya en prison. Je fus mis en liberté un mois après la chute de

Robespierre, époque célèbre, sous le nom du 9 *thermidor*. Peut-être ne sera-t-on pas fâché de juger ici de l'impression que fit une telle époque sur Buonaparte. Voici ses propres expressions :

« Nice, 20 thermidor an II.

» *Le général commandant l'artillerie de l'armée d'Italie*,

» Au citoyen Tilly.

» Tu auras appris la conspiration et la mort de Robespierre, » Couthon, Saint-Just, etc. Il avait pour lui les jacobins, la mu-» nicipalité de Paris, l'état-major et la garde nationale ; mais, » après un moment de vacillation, le peuple s'est rallié à la Con-» vention.

» Barère, Carnot, Prieur, Billaud-Varennes, etc., sont tou-» jours au comité de salut public ; cela n'apporte aucun change-» ment aux affaires.

» Ricord, après avoir été chargé par le comité de salut public » de la notification de la conspiration, a été, vingt-quatre heures » après, rappelé dans le sein de la Convention.

» Salicetti est, dans ce moment, représentant à l'armée d'Italie.

» Nos opérations militaires seront, je crois, un peu contrariées ; » peut-être même absolument changées.

» L'artillerie était en avant, et le tyran sarde allait recevoir un » grand coup ; mais j'espère que cela ne sera que retardé.

» Saint-Maime est arrivé hier de Paris pour remplacer Haller.

» Du Morbion est toujours un peu malade.

» J'ai été un peu affecté de la catastrophe de Robespierre le » jeune, que j'aimais et que je croyais pur ; mais fût-il mon père, » je l'eusse moi-même poignardé, s'il aspirait à la tyrannie.

» BUONAPARTE. »

PAGE 8.

Le fer va-t-il frapper l'innocence ou le crime ?

L'Histoire nous apprend que les accusations de sortilége, d'a-théisme, de conspiration, etc., firent condamner à mort beaucoup plus d'innocens que de coupables. Sans doute la propagation des lumières, qui n'est redoutée que par de grands criminels, a opposé une digue aux accusations du fanatisme religieux ; mais n'exercet-on plus de vengeances? Et, pour ne parler que de l'Europe, n'y a-t-il pas des centaines de villes où des meurtriers résident aux frais de l'État? Sur tel nombre d'exécutions qui se font tous les ans, tous les mois, toutes les semaines, n'y en a-t-il aucune où un innocent soit frappé? Les tribunaux sont-ils réellement devenus infaillibles? Peut-on, doit-on laisser à leur disposition des peines irréparables, sans attenter à la sûreté publique?

PAGE 8.

Servan et Dupaty, vous dont l'heureux génie
Déracina des lois la longue tyrannie.....

SERVAN naquit à Romans, le 3 novembre 1737, et mourut à sa terre de Rousseau, près Saint-Remy (Bouches-du-Rhône), le 4 novembre 1807.

Son *Discours sur l'Administration de la Justice criminelle*, publié à Grenoble en 1767, sera toujours regardé comme un chef-d'œuvre. Entre autres bons ouvrages, il nous a laissé deux *Discours dans la cause d'une femme protestante*, quatre *Discours sur une déclaration de grossesse*, un *Discours sur les mœurs*, prononcé au parlement de Grenoble.

DUPATY, né à La Rochelle, mort à Paris en 1788, exerça les fonctions d'avocat-général au parlement de Bordeaux, et ensuite celles de président à mortier au même parlement. Son éloquence le rendit célèbre. Il signala son courage en 1771, dans la révolution de la magistrature. Il immortalisa son nom en arrachant au supplice trois malheureux de Chaumont, condamnés à la roue. Son Mémoire pour leur défense, publié en 1786, est écrit avec la plus grande force. Ses *Réflexions historiques sur les Lois criminelles* sont très-estimées, et méritent de l'être autant que ses *Lettres sur la Procédure criminelle de France*. Le président Dupaty est un des magistrats qui ont consacré leur vie à la réforme des lois, et qui ont acquis par leurs travaux la reconnaissance de la postérité.

PAGE 8.

Et toi, Lachalotais, que d'immortels travaux
Élèvent à la gloire où je vois tes rivaux.....

Louis-René de Caradeuc de LACHALOTAIS, né en 1701, mourut

le 12 juillet 1785. Ce magistrat, procureur-général au parlement de Rennes, se rendit célèbre dans l'affaire de l'expulsion des Jésuites. Son *Compte rendu de leur Constitution*, 2 vol. in-12, publiés en 1762, est remarquable par l'énergie du style.

Lachalotais aurait péri, victime de l'oppression, si un homme puissant, le duc de Choiseul, n'avait fait valoir les vigoureuses remontrances du parlement de Paris. Arraché à la mort, il fut exilé. Il écrivit un de ses *mémoires* avec un cure-dent et de la suie; ce qui a fait dire à Voltaire que *son cure-dent gravait pour l'immortalité*.

Le fils de Lachalotais fut condamné à mort, âgé de 65 ans, le 17 janvier 1794, par le tribunal révolutionnaire de Paris.

PAGE 10.

Apparaissez, parlez, mânes de Malesherbes.

Lamoignon de Malesherbes naquit à Paris, le 16 décembre 1721. Il fut successivement substitut du procureur-général, conseiller au parlement, et président à la cour des aides. Il remplit vingt-cinq ans cette dernière place, à laquelle il avait été nommé en 1750. Il s'opposa fortement à la création des impôts et à celle des tribunaux d'exception, pour fait de contrebande. « Personne, dit-il au » Roi, ne peut se flatter d'être assez grand pour braver le ressen- » timent d'un ministre, ni assez petit pour échapper à celui d'un » commis. »

Il fut nommé ministre d'État: il visita les prisons, et en fit sortir les détenus par actes arbitraires; il y établit des filatures de coton et des métiers. Exilé de la cour, où il s'était regardé comme une plante étrangère, il voyagea, sous le nom de M. Guillaume, en France, en Suisse et en Hollande. Rentré en France, il vécut dans une de ses terres jusqu'à l'époque où il écrivit au président de la Convention nationale, qu'il demandait à défendre celui dont la confiance l'avait autrefois appelé au Conseil d'État. Il fut introduit au Temple, le 14 décembre 1792, auprès de Louis XVI. Ce Prince courut à sa rencontre et le serra dans ses bras. Malesherbes, après avoir concouru à sa défense avec le plus grand zèle, eut le courage de lui annoncer le décret qui le condamnait à mort. « Je » m'y étais attendu, répondit Louis avec calme. Au nom de Dieu,

» mon cher Malesherbes, ne pleurez pas. Nous nous verrons dans
» un monde plus heureux que celui-ci. » Bientôt en effet il suivit
le Prince infortuné. Malesherbes fut conduit aux Madelonettes, et
ensuite à Port-Royal. Arrivé dans cette dernière maison d'arrêt, il
fut reconnu par un père de famille qui avait occupé une place dans
ses bureaux. « Eh ! quoi, lui dit celui-ci, est-ce bien vous, Mon-
» sieur, que je vois ? — Oui, mon cher ; je deviens mauvais sujet
» sur la fin de mes jours, et je me fais mettre en prison. » Il ne
tarda pas à être condamné à mort avec deux de ses enfans. Il tra-
versait la cour de la Conciergerie pour aller sur le fatal tombe-
reau, lorsqu'il se heurta contre une pierre. « Oh ! oh ! s'écria-t-il,
» voilà un mauvais présage. A ma place, un Romain serait ren-
» tré. » La sérénité du courage et de la vertu l'accompagna sur
l'échafaud.

On lui élève une statue dans le même Palais-de-Justice où il fut
condamné à mort.

PAGE 12.

Princes infortunés, ô CHARLES ! ô LOUIS !

CHARLES Ier, roi d'Angleterre, fut décapité en 1649. Il avait
épousé, en 1625, Henriette-Marie de France, fille de Henri IV et
de Marie de Médicis.

LOUIS XVI, roi de France, fut décapité le 21 janvier 1793. Ce
Prince, aussi généreux qu'infortuné, pardonna sa mort à ses
ennemis.

PAGE 12.

Cromwel eût respecté l'autorité des rois ;
Cromwel dans Albion n'eût pas dicté des lois.

Olivier Cromwel naquit à Huntingdon, en 1599 ; il mourut à
Whitehall, le 13 septembre 1658.

« Un homme, dit Bossuet, s'est rencontré d'une profondeur
» d'esprit incroyable, hypocrite raffiné autant qu'habile politique,
» capable de tout entreprendre et de tout cacher ; également actif
» et infatigable dans la paix et dans la guerre, qui ne laissait rien
» à la fortune de ce qu'il pouvait lui ôter par conseil et par

» prévoyance ; mais au reste si vigilant et si prêt à tout, qu'il n'a
» jamais manqué les occasions qu'elle lui a présentées ; enfin, un
» de ces esprits remuans et audacieux , qui semblent être nés pour
» changer le monde. »

Cromwel était âgé de 43 ans lorsqu'il embrassa la profession mi-
litaire. Ses exploits furent si nombreux et si étonnans , qu'il parvint à obtenir le titre de *Protecteur d'Angleterre*. Ayant appris que
la Chambre des communes voulait lui ôter ce titre, il entra dans
la salle , et dit fièrement : « J'ai appris, Messieurs, que vous avez
» résolu de m'ôter les lettres de *Protecteur;* les voilà. Je serai bien
» aise de savoir s'il se trouve parmi vous quelqu'un assez hardi
» pour les prendre. » Après les avoir menacés, il exigea d'eux le
serment de fidélité. Il eut l'adresse de se faire offrir le titre de *Roi*,
afin d'avoir la gloire de le refuser et pour mieux consolider sa puissance. Pendant le ministère de Mazarin, Cromwel se ligua contre
l'Espagne avec la France. Cette ligue contribua beaucoup à la grandeur où la France était parvenue sous le règne de Louis XIV. Dans
le traité que firent les deux puissances, Cromwel fit mettre son
nom avant celui du monarque français, en substituant le titre de
Roi des Français à celui de *Roi de France*. Cromwel se qualifia
Protecteur d'Angleterre et de France. Le jour qu'il fit son entrée à
Londres , on lui parlait de l'affluence du peuple qui accourait de
toutes parts pour le voir : « Il y en aurait autant, dit-il, si l'on me
» conduisait à l'échafaud. »

PAGE 12.

Dois-je exhumer ici les Marat, les Couthon ,
Acolytes fameux des Carrier, des Danton ?

Marat naquit en 1744 à Baudry, pays de Neufchâtel. Il étudia
la médecine à Paris. Il parvint à se faire nommer médecin des écu-
ries de M. le comte d'Artois. Il se fit journaliste lorsque la révolution éclata. Dans son journal intitulé *l'Ami du Peuple*, il s'attacha
surtout à insulter le roi, les ministres, les grands, et à prêcher la
révolte, le meurtre et le pillage. Dénoncé plus d'une fois, il se sauva,
tantôt par adresse, tantôt à force d'audace. Les caves du boucher
Legendre et le souterrain de l'église des Cordeliers lui servirent
successivement de refuge. C'est de là que partaient ses feuilles san-

guinaires. Il se fit compter parmi les principaux auteurs du
10 août 1792 et des massacres dans les prisons. Il voulut faire égorger tout ce qui restait de nobles, de prêtres et de royalistes. Les
décrets d'accusation dont il avait été l'objet ne l'empêchèrent pas
de siéger à la Convention : il parut à la tribune le 25 septembre
1792, mais il y fut interrompu et traité comme le dernier des scélérats ; il continua cependant à dénoncer les hommes en place.
Le 6 décembre, il demanda que le roi fût jugé par appel nominal
et que le tableau des votans fût affiché, afin, disait-il, que le
peuple connût les traîtres. Il vota la mort de Louis et l'exécution
dans les vingt-quatre heures. Il provoqua l'insurrection du peuple
contre la Convention elle-même. Décrété encore une fois d'accusation, il ne parut au tribunal qu'après s'être assuré qu'il en
obtiendrait l'impunité : il fut acquitté en effet. Il rentra dans l'assemblée, plus audacieux que jamais. Il était dans un bain, le 14
juillet 1793, lorsque Charlotte Corday le poignarda. Il fut trans-
porté avec pompe au Panthéon ; mais peu de temps après qu'on
lui eut décerné les honneurs divins, il fut exhumé ignominieuse-
ment et jeté dans un égoût.

Couthon naquit en 1756, à Orsay, département du Puy-de-
Dôme. Député à la Convention, il proposa l'abolition de la mo-
narchie et le serment de haine à la royauté. Il s'opposa vive-
ment à ce qu'il fût sursis au jugement qui condamnait à mort
Louis XVI.

Couthon étant contrefait et boiteux, eut seul le privilége de
parler assis, et de n'être jamais interrompu par ses collègues. A
l'époque du 31 mai, il fut adjoint au comité de salut public. Il
provoqua violemment le décret d'accusation contre les chefs de la
Gironde ; il traita de *beau rêve* l'institution des jurés. Il fut envoyé à Lyon, d'où il appela soixante mille hommes des départe-
mens voisins, pour accélérer le siége de cette ville. La reddition en
ayant été faite, il présida au supplice des victimes. Un décret avait
ordonné la démolition des édifices publics de Lyon. Couthon donna
le premier coup de marteau, en disant sur celui de la place de *Bel-
lecour* : « Je te condamne à être démoli, au nom de la loi. » Le
10 juin, il proposa la fameuse loi de sang (du 22 prairial), loi exécrable qui accélérait les assassinats du tribunal révolutionnaire. « Il
» s'agit moins, s'écria l'énergumène, de punir les ennemis de la

» liberté que de les anéantir. L'indulgence, en ce cas, est atroce, et
» la clémence parricide. Celui qui veut soumettre le salut public
» aux préjugés du palais, aux interventions des jurisconsultes,
» est un insensé ou un scélérat qui veut tuer juridiquement la
» patrie et l'humanité.» Croira-t-on que le plus horrible des rap-
ports qui mettait la Convention sous la hache révolutionnaire, fut
sanctionné presque sans murmure ?

Couthon ayant été décrété d'accusation, le 9 thermidor, fut mis
au corps-de-garde de la Convention, d'où il fut enlevé par Cof-
finhal et porté à l'Hôtel-de-Ville. On allait le saisir lorsqu'il se
donna légèrement un coup de poignard. Il fut exécuté le 28 juillet 1794.

Carrier naquit, en 1756, à Yolay, dans la Haute-Auvergne.
Il était procureur à Aurillac lorsqu'il fut nommé député à la
Convention. Il concourut à la création du tribunal révolutionnaire. Il demanda les proscriptions qui furent faites le 31 mai. Envoyé à Nantes, il s'exprima ainsi : *Nous ferons de la France un
cimetière, plutôt que de ne pas la régénérer.* Il fit construire des
bateaux à soupape, qui noyaient cent personnes à la fois. Il fut
l'inventeur des *mariages républicains*, en faisant garotter ensemble, face contre face, un homme et une femme condamnés à être
noyés. Il s'écria un jour, dans la société populaire de Nantes :
« Peuple, qu'attends-tu ? prens ta massue, écrase les riches, ex-
» termine les négocians ? Tu es en guenilles, et l'abondance est
» près de toi ; ils ont tout, et tu n'as rien..... La rivière n'est-elle
» pas là ? qui t'empêche d'en user. »

Sur les plaintes portées à Robespierre par Julien (de la Drôme),
Carrier fut rappelé de sa mission en 1794. Il ne tarda pas à être décrété d'accusation, et envoyé au tribunal révolutionnaire. Il s'était
défendu très-mal, et en sanglottant devant ses collègues ; il ne se
défendit pas mieux au tribunal qu'il avait fait créer lui-même. Il
fut condamné à mort le 16 décembre 1794, comme convaincu d'a-
voir ordonné des *Noyades* et d'avoir fait fusiller des enfans de
treize et quatorze ans.

Danton, né à Arcis-sur-Aube, le 8 octobre 1759, fut condamné
à mort le 5 avril 1794. Il avait préparé la journée du dix août, qui
amena la chute du trône, et fut appelé au ministère de la justice à
la suite de cette journée.

On lui disait un jour que la Convention avait tort de vouloir ja-
ger Louis XVI, parce que les membres d'une assemblée ne pou-
vaient être à la fois accusateurs, juges et jurés : « Nous ne vou-
» lons pas le juger, répondit froidement Danton, nous voulons le
» tuer. »

PAGE 13.

Voulaient-ils écraser, rivaux de Robespierre,
Jusqu'au dernier enfant sur la dernière pierre,
Tels qu'un Collot-d'Herbois, etc.

COLLOT-D'HERBOIS fut, à Lyon, l'agent de Robespierre, et
lui écrivit un jour qu'*il ferait écraser, dans cette ville rebelle, jusqu'au dernier des enfans sur la dernière pierre.* L'ancien comédien,
devenu député, n'avait pas oublié, en écrivant ces mots, qu'il
avait été sifflé à Lyon.

PAGE 13.

Ou tels que ces bourreaux dont la hache sanglante
Porta dans les prisons la mort et l'épouvante.

Les massacres dans les prisons de Paris furent commis les 2 et
3 septembre 1792. Danton, alors ministre de la justice, regarda
les massacres comme *nécessaires*, et osa les qualifier ainsi dans
une assemblée qu'il présidait chez lui, et dans laquelle Théophile
Mandar, homme de lettres et vice-président de la section du
Temple, avait proposé des mesures pour arrêter sur-le-champ les
assassinats. Excepté Danton et Robespierre, toute l'assemblée
avait écouté la proposition de Mandar avec trop d'intérêt pour
ne pas faire craindre au pouvoir et au crime, quoique mar-
chant ensemble, de résister à l'ascendant du courage et de la
raison.

PAGE 13.

Barbares ! devez-vous dégrader la justice,
Et de ce nom auguste appeler le supplice.

Si la justice est la première des vertus, comment peut-on ad-
mettre dans notre langue des contre-sens tels que ceux-ci : « On

» dit faire *justice*, pour dire, *punir corporellement.* On a fait *jus-*
» *tice* aujourd'hui, on a *fouetté*, on a *pendu* deux hommes... On
» appelle aussi *justice* les fourches patibulaires. Un tel seigneur a
» tant de piliers à sa *justice.* »

(Dict. de l'Acad. fr., 5e édit.)

PAGE 14.

L'exil qui nous enlève et talens et richesses,
Sacrifiés souvent aux peines vengeresses.

On a oublié de nos jours combien l'émigration des protestans,
sous le règne de Louis XIV, coûta cher à la France. Il est malheureux que le flambeau de l'histoire éclaire toujours en pure
perte une foule d'hommes d'État dont la politique ne consiste que
dans le ressentiment.

PAGE 15.

Excita Ravaillac à braver la justice.

RAVAILLAC avait assisté dévotement à la messe, et avait commu-
nié pour se préparer à frapper Henri IV. Dans un interroga-
toire, l'assassin avait fait suivre sa signature de ces deux lignes
rimées :

Que toujours dans mon cœur
Jésus soit le vainqueur !

Une de ses déclarations portait : « J'ai cru bien faire en tuant
» un roi qui voulait faire la guerre au pape. J'ai eu des visions,
» des révélations ; j'ai cru servir Dieu. »

On sait que, du temps de Henri IV, des prédicateurs, trom-
pettes du fanatisme et du parricide, enseignaient qu'il était permis d'arracher la vie à quiconque mettait en danger la religion ca-
tholique, en faisant la guerre au pape. Ravaillac, dont le carac-
tère était sombre et l'humeur atrabilaire, avait saisi avidement cette
doctrine. Il commit son exécrable forfait le 14 mai 1610. Un embarras
de voitures avait fait arrêter le carrosse du roi dans la rue de la Fer-
ronnerie. Ravaillac monta sur l'une des roues de derrière, et donna
deux coups de poignard à Henri. Le second coup fut si violent, que

le roi, étouffé par le sang, expira sans proférer une parole. L'assassin fut conduit d'abord à l'hôtel de Retz , et ensuite à la Conciergerie. Il fut exécuté le 27 mai 1610, âgé d'environ 52 ans. Le genre de son supplice fut un des plus horribles attentats contre l'humanité.

PAGE 16.

Vous respectez l'hymen de l'adultère impie,
Et de mille innocens vous méprisez la vie.

La loi du 8 mai 1816 n'a égard, en France , ni aux causes légitimes qu'avait déterminées la loi du 20 septembre 1792 , ni aux lois plus ou moins anciennes, telles que les lois des douze tables, le code Justinien , les capitulaires de Charlemagne, les décisions de plusieurs conciles, etc., qui depuis Moïse, ont successivement démontré , en certains cas , la nécessité de régler légalement le divorce. (Voyez l'opinion de M. le com'e Lanjuinais, du 24 décembre 1816, sur un projet de loi relatif au divorce. Paris, 1816, in-8°, chez Plassan.)

PAGE 17.

Frédéric, dont l'Europe admira la sagesse,
Refusa de punir les délits de la presse.

On adressa un jour à Frédéric II, roi de Prusse , un manuscrit où il était outragé. Il le lut avidement , et envoya chercher un libraire. « Prends ce libelle , lui dit le prince, imprime-le, il y a » un bon coup à faire. »

Quelque temps après , Frédéric vit de sa fenêtre une foule de monde qui lisait une affiche. «Va voir ce que c'est, dit-il à un de ses » pages. » On lui apprend que c'était un écrit satirique contre sa personne. «Il est trop haut, s'écria le roi ; va le détacher, et mets- » le plus bas, afin qu'ils le lisent mieux. »

PAGE 17.

Il craindrait aujourd'hui des juges trop puissans :
Le jury quelquefois leur épargna des crimes;
Faudrait-il l'abolir pour créer des victimes?

« Le jury est nécessaire pour les délits de la presse , dit M. le

» comte Lanjuinais, parce qu'ils sont indéfinis et indéfinissables,
» et que ce sont des délits politiques , se changeant dans la pour-
» suite en véritables débats entre le pouvoir et la liberté. Le jury,
» c'est l'opinion générale , c'est la société. Ainsi, déclarer le jury
» habile au pouvoir, c'est déclarer le pouvoir habile à la
» nation. Par un abus impérial , encore subsistant , c'est le
» pouvoir qui choisit les jurés. Comment le pouvoir ose - t - il
» repousser les juges mêmes qu'il choisit pour chaque affaire
» dans le carton des accusations et dans celui des absolutions ,
» dans le cercle de ses affidés , de ses salariés et de ses fournis-
» seurs ? Comment se dénonce-t-il ainsi lui-même ?...... Si les
» jurés se trompent, leur méprise n'a point de conséquence pour
» l'avenir ; leurs oracles n'expriment point de motifs ; ils n'ef-
» fraient, ils ne rassurent personne. C'est tout le contraire chez
» les juges : leurs habitudes sont de condamner ; leurs erreurs
» deviennent des précédens ; elles forment des doctrines , et bien-
» tôt des lois, sous le nom de *jurisprudence.* Rendre aux tribu-
» naux sans jurés les délits politiques , ce serait les abaisser au-
» dessous des tribunaux révolutionnaires, où des jurés , étant ju-
» ges de fait , sauvèrent souvent des accusés qui eussent péri par
» les suffrages des juges ; ce serait enfin ériger l'ordre judiciaire
» en quatrième branche des grands pouvoirs politiques, rendre
» les juges inquiétans pour le ministère , pour les Chambres , et
» par-là même compromettre l'inamovibilité des juges. En An-
» gleterre , il y a des jurés pour tous les délits , et cependant
» l'inamovibilité des juges cesse , à la demande d'une seule
» Chambre.

» On ne me rassure point en alléguant les vertus privées de
» nos juges. Ils auront toujours trop de penchant pour le pouvoir,
» toujours trop à craindre et trop à espérer du pouvoir qui les
» nomme.......... La chambre étoilée d'Angleterre mérita , par
» ses lâches complaisances pour les ministres , l'exécration du
» peuple anglais et le mépris de la postérité. Cependant on y
» comptait beaucoup de juges qui ne manquaient pas de probité ;
» tous les pairs en faisaient partie, et pour parler comme aujour-
» d'hui , les membres de cette haute cour étaient *bien pensans* ,
» mais ils n'avaient point de jurés. Voilà le principe de leurs ini-
» quités et de leur honte. Les jurés seuls peuvent , avec avantage

» pour le maintien de la constitution et avec le moins d'inconvé-
» niens, apprécier les délits et les crimes politiques, et surtout
» infliger, pour de graves délits, des peines graves et arbitraires.»

(Discours sur les délits de la presse.)

PAGE 17.

Cruel, il rétablit la marque ineffaçable
Qui flétrit l'innocent ainsi que le coupable.

La marque fut rétablie en 1800 par Buonaparte. Un malheureux qui allait être flétri, s'écria : « Oh ! que je paie cher une seule faute » dont on m'accuse ! Je serais épargné si j'étais assez puissant pour » falsifier tous les jours à mon gré les actes du Sénat. »

PAGE 18.

On nous dit que la loi se fonde sur l'usage.

Le droit résulterait-il du fait ? Rendrait-on légitimes les sacri-fices humains, parce que le sang a coulé dans les temples de presque toutes les nations, et que leurs codes ont autorisé les mas-sacres religieux ? Portée à son comble, la déraison des peuples et des législateurs n'a-t-elle pas éclaté partout ? Ici, le vol est en hon-neur ; là, une loi permet aux magistrats de recevoir des présens ; ailleurs, l'inceste est une chose licite ; le père et sa fille, la mère et son fils sont libres de s'y engager. Dans certains pays, on se nourrit de chair humaine crue ; en d'autres, on fait cuire les ca-davres, on les pile, on en forme une bouillie, et on la boit mêlée avec du vin ; en d'autres, quand un homme est vieux, son fils lui ôte la vie ; en d'autres, on fait dévorer toutes les vieilles gens par de grands chiens, coutume qu'Alexandre eut la gloire d'abolir ; en d'autres, on tue tous les enfans femelles qui naissent, et l'on achète des femmes à ses voisins ; en d'autres, il y a des magasins de poi-son, et des magistrats qui le distribuent à quiconque est las de vivre.

« Quelle honte, s'écrie l'orateur romain, d'alléguer pour des » preuves de la vérité, ce qui n'est que prévention et coutume ! »
(Cic. de Nat. deor. lib. 1, cap. 30.)
« Regarder comme juste, dit le même orateur (de Leg., lib. 1),

» tout ce qui est réglé par les coutumes ou par les lois des peuples,
» c'est être souverainement insensé. Quoi donc! les lois mêmes que
» les tyrans auraient faites, seraient équitables! Si les trente ty-
» rans en avaient voulu imposer aux Athéniens, ou si tous les
» Athéniens s'étaient déclarés en faveur de ces lois, serait-ce une
» raison suffisante pour s'y soumettre aveuglément? Pour moi, je
» pense qu'on n'en devrait pas faire plus d'état que de celle
» qui, pendant l'interrègne, fut portée parmi nous, suivant la-
» quelle le dictateur pouvait faire impunément mettre à mort ceux
» des citoyens qu'il jugeait à propos, sans les entendre dans leur
» défense.

» Si la volonté des peuples, les ordonnances des princes, les
» jugemens des magistrats suffisaient pour établir le droit, le vol,
» l'adultère, les suppositions de testament deviendraient justes,
» dans le cas où ils seraient autorisés par une loi formée d'après le
» suffrage de la multitude.

» Mais si les opinions et les suffrages des esprits déraisonnables
» ont assez de poids pour balancer la nature des choses, pourquoi
» n'arrêteraient-ils pas entre eux que ce qui est mauvais et perni-
» cieux passera désormais pour bon et pour salutaire? ou pour-
» quoi la loi, pouvant faire que ce qui est injuste prenne la place
» du droit, la même loi ne convertit-elle pas le mal en bien? »

Ajoutons à ce raisonnement de Cicéron, que l'imposture servit
souvent d'autorité à l'usage. On a débité, par exemple, que chez
les Scandinaves et chez les Arimaspes, Odin et Zoroastre avaient
été inspirés, chacun par un génie; que Minos était allé chercher
ses lois sur le mont Dyctée, pour les transmettre ensuite aux bons
Crétois, qui le regardaient comme l'organe de Jupiter; qu'Osiris
avait été l'interprète du ciel, et Solon celui de l'oracle; que Lycurgue avait consulté Apollon à Delphes; que le législateur des
Gètes, Zamolkis, avait reçu ses lois de Vesta; Zaleucus, de Minerve; Numa, de la nymphe Égérie; Mnévis, du divin Hermès;
Mahomet, de l'ange Gabriel, etc., etc.

PAGE 18.

On ose parmi nous dresser des échafauds.

J'ai vu à Aix, département des Bouches-du-Rhône, un échafaud permanent, bâti en pierres de taille, surmonté de potences de fer, de roues et d'une croix de Saint-André. Ce qui prouve qu'on n'avait pas eu pour objet d'inspirer aux méchans un effroi continuel, par un échafaud de ce genre, c'est qu'il était entouré de murailles qui en dérobaient la vue aux passans. On s'était proposé, ou d'épargner au bourreau la peine qu'il aurait eue en dressant souvent un échafaud de bois, ou de réserver toute la force dont il avait besoin pour rompre vifs les hommes condamnés à expirer sur la roue. Le nombre de ces malheureux fut si grand à Aix, avant la révolution, qu'il n'y avait presque pas de semaine où l'on ne renouvelât plusieurs fois leur exécrable supplice.

PAGE 20.

Et tu peux figurer dans les horribles scènes
Où les coups sont portés sur des têtes humaines.

« On court les malheureux, dit Labruyère, pour les envisager ;
» on se range en haie, ou l'on se place aux fenêtres pour observer
» les traits et la contenance d'un homme qui est condamné, et
» qui sait qu'il va mourir : vaine, maligne, inhumaine curiosité!
» Si les hommes étaient sages, la place publique serait abandon-
» née, et il serait établi qu'il y aurait de l'ignominie à voir de tels
» spectacles. »

(Caractères, chap. VIII.)

Boileau, satire huitième, s'écrie, en parlant de celui des animaux qui n'est pas regardé comme le plus spirituel :

Et que peut-il penser. . . . .
Quand il voit la justice, en grosse compagnie,
Mener tuer un homme avec cérémonie?

PAGE 20.

Barbares, arrêtez et respectez sa vie !

Le premier mouvement d'une mère, dont on veut égorger le fils, est d'arrêter les assassins. J'ai cru devoir me conformer à ce mouvement de la nature, en commençant le discours d'Emilce

(63)

par la pensée qui le termine dans le poëte latin que j'ai imité. Voici les vers de Silius Italicus :

Quæ porrò hæc pietas delubra aspergere tabo?
Heu! primæ scelerum causæ mortalibus ægris,
Naturam nescire deûm. Justa ite precari,
Thure pio, cædumque feros avertite ritus:
Mite et cognatum est homini deus. Hactenùs, oro,
Sit satis, antè aras, cæsos vidisse juvencos,
Aut si velle nefas superos fixumque sedetque,
Me, me, quæ genui, vestris absumite votis.
Cur spoliare juvat libycas hâc indole terras?

(Sil. Ital., lib. IV.)

PAGE 20.

Quoi ! vous offrez du sang à la divinité!

Les Amorrhéens et les Ammonites sacrifiaient des victimes humaines ; les lois en prescrivaient l'immolation dans les îles occidentales.

La Sicile et l'Italie égorgeaient des hommes sur les autels de Saturne.

Les Gètes sacrifiaient, tous les cinq ans, à leur dieu Zamolkis, un homme qu'ils lançaient sur les pointes de trois javelots ; et si le malheureux n'expirait pas sur-le-champ, ils y précipitaient de nouvelles victimes, jusqu'à ce qu'il y en eût une dont la chute entraînât une mort soudaine.

Chez les Perses, Amestris, mère de Xerxès, enterra tout vifs, pour se conformer à la religion du pays, quatorze jeunes gens qui avaient été pris dans la noblesse.

Les Grecs n'entreprenaient aucune guerre sans avoir sacrifié au Dieu Mars des victimes humaines.

Les Scythes faisaient fumer sur les autels de Diane le sang des étrangers, et de tous ceux qui, s'étant sauvés du naufrage, se réfugiaient dans le pays de ces barbares.

Les habitans de l'île de Thulé ne se contentaient pas d'immoler à Mars le premier prisonnier de guerre qu'ils avaient fait ; ils commençaient par le suspendre vivant à un arbre, et le torturaient ensuite, en le roulant sur des buissons et des épines.

Dans l'île de Caroline, qui fut découverte et ainsi appelée par les Espagnols, il y avait des statues d'airain dans lesquelles on avait brûlé, *pour honorer la divinité*, des enfans à la mamelle.

Les Laodicéens immolaient des vierges à Minerve ; les Arcadiens, de petits enfans mâles à *Jupiter-Licæus*, et les habitans de la Floride, au soleil.

Les Cimbres, les Gaulois offraient aux dieux le sang de leurs captifs. Dans la Phénicie, les enfans des nobles qui tombaient au sort, étaient sacrifiés sans rémission à Saturne.

Dans les îles de Chio et de Salamine, on immola, pendant plusieurs siècles, à Diomède et à Denys, des hommes qu'on égorgeait après leur avoir déchiré tous les membres. Ce Denys avait un temple en Arcadie, dans lequel de jeunes filles, toutes nues, étaient flagellées jusqu'à mort, ainsi qu'à Sparte, où la même coutume se pratiquait, à l'égard des enfans mâles, sur les autels de Diane.

On rapporte que, chez certains peuples, on remplissait une statue, d'une grandeur énorme, d'hommes et de matières combustibles, qu'on y mettait le feu, et qu'on offrait aux dieux cet holocauste.

Les Galates et les Massagètes ne consultaient leurs divinités qu'après avoir égorgé des victimes humaines : ces peuples prétendaient acquérir la science des choses futures, en examinant avec attention, soit l'effusion du sang de la victime, soit le déchirement et la palpitation de ses membres.

Les Cimbres, dont j'ai déjà parlé, après avoir engraissé des hommes, les empalaient en l'honneur des dieux.

Dans les grands dangers, et lorsqu'ils étaient atteints de quelque maladie contagieuse, les Gaulois immolaient à leurs divinités des vieillards de l'un et de l'autre sexe.

Les Thraces tuaient des hommes à coups de lances sur l'autel de Zamolkis, qu'ils adoraient comme le plus grand des dieux.

C'était, chez les Germains et chez les Sénonois, un acte méritoire et religieux, que celui d'arroser de sang humain le temple de Mercure.

A Leucate, les prêtres du temple d'Apollon faisaient précipiter, du haut d'un rocher dans la mer, les amans malheureux qui les avaient consultés. Ces faux interprètes des dieux avaient eu soin d'insinuer à leurs victimes que, si elles ne périssaient point dans les flots, elles seraient guéries de leur amour. L'amante de Phaon, Sapho, à qui les Grecs donnèrent le surnom de dixième Muse, fut une de ces victimes.

Les peuples d'Albanie gardaient et engraissaient ceux qui étaient en odeur de sainteté ; et, quand ils étaient bien brillans de santé, ils les exposaient sur un autel, chantaient, comme des furieux, des cantiques sacrés, et finissaient la cérémonie par leur enfoncer un couteau dans le sein.

Les anciens Bretons accompagnaient avec pompe, dans leurs églises, des femmes mariées, nues et parfumées d'essences ; dans cet état, elles suppliaient les dieux d'avoir pour agréable le sang des captifs dont elles leur présentaient l'offrande.

Le peuple romain lui-même se rendit autrefois complice de tant de monstruosités, en ne les prohibant pas aux nations qu'il s'était soumises, et en enterrant vivantes les malheureuses filles qui avaient laissé éteindre le feu de la déesse Vesta. Enfin, sous le consulat de Cn. Cornelius Lentulus et de P. Licinius Crassus, il fut défendu par le sénat d'adopter les religions des peuples vaincus, et d'offrir aux dieux du sang humain. Dès-lors il ne fut plus permis de faire, entre autres sacrifices, des écatonphoneumes (1), à l'exemple des Athéniens et des Lemniens ; mais les homicides sacrés ne cessèrent qu'en public : on continua, malgré le sénatus-consulte, de les pratiquer secrètement.

Encore, du temps de Cicéron, l'horrible coutume d'immoler des hommes aux dieux régnait dans les Gaules.

Jephté avait promis de sacrifier la première personne qui sortirait de sa maison pour le féliciter de sa victoire sur les Ammonites ; il sacrifia sa fille.

Agamemnon immola sa fille Iphigénie.

---

(1) L'écatonphoneume consistait à immoler un homme au dieu Mars, quand, de sa propre main, on avait défait cent ennemis. Un Locrien et deux Crétois eurent cet honneur aussi barbare qu'extraordinaire. Sicinius-Dentatus, célèbre pour avoir reçu quarante blessures dans cent vingt combats qu'il avait remportés, avoir mérité le don de cent quarante brasselets, et avoir été couronné vingt-six fois, avait été le premier dans Rome à offrir l'écatonphoneume.

Samuel coupa en morceaux le roi Agag ; la loi des Juifs lui avait commandé ce meurtre.

Les Cananéens immolaient aux dieux leurs propres enfans. Cette coutume était très-ancienne chez eux. Abraham y fut soumis.

Dans le Malabar, le commencement du veuvage des Indiennes en était la fin ; elles se brûlaient vivantes sur le même bûcher qui réduisait en cendres leurs époux morts.

Après une victoire d'Agatoclès, ses ennemis, pour apaiser la colère de leurs divinités, leur firent l'holocauste de deux cents enfans.

Aristomène de Messène fit, en un seul jour, ruisseler, dans le temple de Jupiter-Ithémius, le sang de trois cents hommes.

Amacis, en Egypte, Diphilus, dans l'île de Chypre, Hercule, dans le Latium, Lycurgue, à Lacédémone, Darius, dans la Perse, mirent fin à cet excès du fanatisme religieux.

Gelon, tyran de Syracuse, n'accorda la paix aux Carthaginois qu'avec la condition expresse qu'ils aboliraient désormais les sacrifices humains. « Chose admirable ! s'écrie Montesquieu ; après » avoir défait trois cent mille Carthaginois, il exigeait une condi- » tion qui n'était utile qu'à eux, ou plutôt il stipulait pour le » genre humain. » (*Esp. des Lois*, liv. x, ch. 5.)

Tibère, Tibère lui-même abrogea l'usage révoltant des offrandes meurtrières ; mais, pour défrayer sa cruauté du sang qu'il épargnait, il fit mettre en croix les prêtres qui s'étaient arrogé le droit de le répandre.

Les Romains voulurent punir les peuples qui offraient à leurs dieux des victimes humaines ; mais ces peuples s'étant excusés sur l'ancienneté de leur coutume, les vainqueurs, contens de l'abolir, leur firent grâce.

« Les sacrifices humains, dit Barthélemy (1), étaient autrefois » assez fréquens parmi les Grecs ; ils l'étaient presque chez tous » les peuples, et ils le sont encore aujourd'hui chez quelques- » uns d'entre eux. Ils cesseront enfin, parce que les cruautés ab- » surdes et inutiles cèdent tôt ou tard à la nature et à la raison. »

----

(1) Voyage du jeune Anacharsis, tom. II, édit. in-4., ch. 21.

Le même auteur observe (1) que, « dans la province de l'Arca-
» die, l'Être-Suprême était adoré sous le titre de *Bon*, et que, par
» une contradiction bien frappante, le fanatisme lui immolait des
» victimes humaines. »

Cette contradiction existe réellement chez tous les peuples régis
par ces *bonnes* lois, qui autorisent l'affreuse puissance du glaive.
Rivales du fanatisme, ces lois commandent l'effusion du sang
humain.

PAGE 21.

Il est moins dangereux de frapper l'innocence
Que de trahir les lois d'une juste vengeance.

Ce mot n'est point la traduction de la maxime : *Satiùs est
impunitum relinqui facinus, quàm innocentem damnare.*

PAGE 22.

Voyez, législateurs, ce guerrier magnanime.

« Lorsque, dans les combats (dit Murena, Traité des Violences,
» ch. 2), votre ennemi a tué vingt mille hommes, et qu'avec les
» forces qui vous restent vous triomphez de lui, que faites-vous,
» et qu'avez-vous le droit de faire? Allez-vous, tenant à la main
» le compte de vos morts et de vos blessés, marquer froidement,
» pour la mort ou la mutilation, autant de têtes, autant de bras,
» parmi vos prisonniers, qu'ils en ont frappé dans vos rangs? Non :
» vous les désarmez, vous les séparez, vous les disposez sur dif-
» férens points de votre territoire, ou, tout au plus, vous les en-
» fermez; en un mot, vous les mettez dans l'impuissance de nuire :
» là finit votre vengeance. Vous avez voulu tuer pour vaincre,
» vaincre pour n'être pas tués vous-mêmes; mais tuer après avoir
» vaincu, avoir vaincu pour tuer!... Ces idées révoltent toutes
» les ames honnêtes. »

PAGE 23.

O cruelle allégresse! ô barbares transports!

Le cri de *vive la république!* n'est pas le seul auquel on fait ici

---

(1) Voyage du jeune Anacharsis, tom. II, édit. in-4., ch. 21.

allusion. Des cannibales ont crié successivement, en voyant tomber des têtes : *Vive la république ! vive l'empereur ! vive le roi !*

PAGE 24.

Du génie épuisé le merveilleux effort
Serait-il d'ordonner l'appareil de la mort ?

« Il ne faut, dit Labruyère, ni art, ni science pour exercer la
» tyrannie; et la politique, qui ne consiste qu'à répandre le sang,
» est fort bornée et de nul raffinement; elle inspire de tuer ceux
» dont la vie est un obstacle à notre ambition : un homme né
» cruel fait cela sans peine. C'est la manière la plus horrible et la
» plus grossière de se maintenir ou de s'agrandir. »

(Caract., chap. x.)

PAGE 25.

A d'utiles travaux vous devez le contraindre.

Mably a dit, en parlant des travaux à substituer à la peine de
mort : « Ces travaux, quelque durs qu'ils soient, ne sont-ils pas,
» dans toute la terre, le partage de l'indigence? Et pourquoi
» voulez-vous que le criminel et l'indigent aient le même sort? »

(De la Législ., liv. iii, ch. iv.)

Pour se convaincre que ce n'est là qu'un sophisme, il suffit de
se rappeler ces mots de Puffendorf : *On n'est pas flétri simplement
pour avoir l'oreille coupée ou pour recevoir des coups de bâton;
mais parce qu'on a mérité un tel traitement.*

« Les législateurs anglais, dit Jérémie Bentham, n'ont point
» adopté ce genre de peine, si bon à tant d'égards, l'emprisonne-
» ment joint au travail. Au lieu d'une occupation forcée, ils ont
» réduit les prisonniers à une oisiveté absolue. Est-ce par ré-
» flexion? Non, sans doute, c'est par habitude. On a trouvé les
» choses sur ce pied; on les désapprouve, mais on ne les change
» point. Il faut des avances, de la vigilance, des attentions soute-
» nues pour concilier la clôture avec les travaux; il ne faut rien
» de tout cela pour enfermer un homme et pour l'abandonner à
» lui-même. »

(Traité de Législ., t. iii, p. 449 et suiv.; traduit
d'Ét. Dumont, de Genève; in-8°, 1822.)

PAGE 25.

Tantôt, dans les transports de leur égarement,
Deux mortels aveuglés par le ressentiment, etc.

Il en est des lois contre le duel comme de la peine de mort, qui n'a jamais effrayé les assassins. Gardons-nous cependant de conclure qu'il faut tolérer le meurtre quand il est couvert du voile de l'honneur ; quelque nombreux que soient les esclaves d'une coutume barbare, je ne crains pas de m'exprimer ainsi :

> Quand pourrons-nous détruire un affreux préjugé
> Qui commande le meurtre à l'honneur outragé ?
> Méconnaître la gloire et ne voir qu'une injure,
> Fouler aux pieds les lois que prescrit la nature,
> N'écouter qu'un instinct à la fureur soumis,
> Être altéré du sang de ses propres amis,
> Croire que l'offensé, pour être magnanime,
> Doit courir, s'il le peut, de victime en victime,
> Être juge ou partie, assassin ou bourreau,
> Renoncer aux combats où flottent le drapeau,
> Et trahir la patrie et se trahir soi-même,
> Voilà du faux honneur l'admirable système.

PAGE 25.

Vouez donc à la glèbe et non aux sombres bords
L'assassin dont la vie appartient aux remords.

« De deux législateurs, dont l'un fait pendre les malfaiteurs, et
» dont l'autre les met, non-seulement dans l'impossibilité de
» nuire, mais encore dans la nécessité d'être utiles, l'un n'est
» qu'un homme dont la puissance est subordonnée à celle d'un
» bourreau ; l'autre est un sage qui joint les lumières au pouvoir. »
(Du Bozoi, liv. IV, *Variétés litt.*, p. 182.)

PAGE 26.

Apôtres de la mort, sachez quels sont vos guides,
Ceux que vous flétrissez du nom de régicides.

Il n'y a que les fauteurs de la peine de mort qui puissent devenir régicides. Les hommes qui ne craignent pas de répandre le sang du plus humble des citoyens, ne peuvent craindre de répandre celui d'un roi.

PAGE 28.

Léopold, sers d'exemple aux plus fiers conquérans.

LÉOPOLD, grand-duc de Toscane, s'est immortalisé par l'abolition de la peine de mort. Sous son règne, qui dura vingt ans ; il fut commis *cinq* crimes. Pendant ce même laps de temps, mais sous le glaive des lois sanguinaires, il en fut commis *deux mille* à Rome, où cependant le climat, les mœurs, la religion étaient et sont les mêmes qu'à Florence.

PAGE 28.

Jadis Élisabeth, qui gouverna le Nord,
Brisa la dure faulx de la cruelle mort.

Élisabeth, fille du czar Pierre Ier, née le 29 décembre 1710, monta sur le trône impérial le 7 décembre 1741 ; elle mourut le 5 janvier 1762. La crainte des révolutions qui éclatèrent souvent en Russie, n'empêcha point cette princesse d'abolir la peine de mort. Elle avait fait mettre en liberté plus de vingt-cinq mille infortunés, dont les uns étaient détenus pour contrebande, les autres pour dettes, dont elle avait ordonné le paiement de ses propres deniers. C'est donc moins au cœur d'Élisabeth qu'à la cruauté de ses favoris qu'il faut attribuer l'abus d'une peine bien plus terrible que la mort, l'exil en Sibérie. La mutilation, ajoutée à un tel exil, excite l'horreur de toutes les nations.

PAGE 29.

On imite le roi, Néron de l'Angleterre.

Parmi les victimes que Henri VIII a sacrifiées à sa cruauté, on compte deux reines, ses épouses, deux cardinaux, trois archevêques, dix-huit évêques, treize abbés, cinq cents moines, quatorze archidiacres, soixante chanoines, cinquante docteurs, douze ducs, marquis ou comtes, vingt-neuf barons ou chevaliers, trois cent trente-cinq nobles, cent vingt-quatre citoyens, et cent dix femmes de condition noble. Voilà donc douze cent soixante-douze victimes connues.

Henri VIII n'avait jamais refusé à sa haine la vie d'un homme, ni à sa brutalité l'honneur d'une femme.

« Tous ceux qui l'ont étudié, dit Raynal, n'ont vu qu'un ami » faible, un allié inconstant, un amant grossier, un mari jaloux, » un père barbare, un maître impérieux, un roi despotique et » cruel »

Léon X lui avait accordé le titre de *défenseur de la foi.* Le parlement anglais lui donna celui de *protecteur et de chef suprême de l'Eglise d'Angleterre.*

Henri VIII naquit en 1490, monta sur le trône en 1509 et mourut en 1547.

ÉPILOGUE.

J'ai voulu élever un monument à l'humanité. Je dirais *ære perennius,* si mes contemporains y jetaient un regard favorable. Je leur offre les prémices des fruits que trente automnes m'ont permis de recueillir.

VALANT.

TABLE ANALYTIQUE.

Explication des lettres indicatives.

D. DISCOURS EN VERS.
Ds. DISCUSSIONS.
N. NOTES.
P. PAGES.

elle est livrée aujourd'hui au plus barbare des vainqueurs. D. p. 10.

Henri VIII, (le) Néron de l'Angleterre. D. p. 29. N. p. 70 et 71.

Imilcé. (Discours d') D. p. 20. N. p. 62 et 63.
Innocens (des) ayant péri sur l'échafaud, une peine irréparable n'est pas moins révoltante que dangereuse. D. p. 9 et p. 32. — Invocation à leurs mânes plaintifs. *Ibid.* p. 21.

Jury. (utilité du) D. p. 17. N. p. 58 et 59.
Justice (la) confondue avec la terreur. D. p. 8. — La justice et la cruauté sont incompatibles. *Ibid.* p. 33. Voyez *Supplice*.

Labruyère. Son horreur contre les exécutions. N. p. 62.
Lachalotais. D. p. 8. N. p. 50 et 51.
Léopold, (Éloge de) grand-duc de Toscane, et ensuite empereur d'Allemagne, né le 5 mai 1747, mort le 2 mars 1792. Il avait simplifié les lois et aboli la peine de mort. D. p. 28. N. p. 70.
Lettre de *Buonaparte* à *Tilly*. N. p. 49.
Loi (la) doit tirer son origine de la raison. D. p. 7. — Aucune loi ne répare les erreurs des tribunaux. *Ibid.* et p. 8. — Aucune loi ne doit être puisée dans les atrocités. *Ibid.* p. 33.
Louis XVI. Voyez la Prosopopée de Malesherbes. D. p. 10, 11, et l'avant-dernière note de la p. 52.

Mably (Examen de l'opinion de) sur la peine de mort. Ds. p. 35 et suivantes.
Magistrats (des) qui exécutaient autrefois leurs propres arrêts. D. p. 18.
Maîtres et sujets. Voyez *sujets et maîtres*.
Malesherbes. (Notice sur) N. p. 51 et 52.
Marat. (Notice sur) N. p. 53.
Marius. Ses lois seraient-elles préférables à des lois généreuses ? D. p. 15.
Marque ou flétrissure, rétablie par *Buonaparte*. D. p. 17. N. p. 60.
Meurtre (le) confondu avec la peine. D. p. 7. — Mis en opposition avec l'humanité. *Ibid.* p. 16. — L'exemple du meurtre en inspire l'audace. *Ibid.* p. 30.
Montesquieu (Examen de l'opinion de) sur la peine de mort. Ds. p. 45 et suivantes.
Murena. Voyez l'avant-dernière note de la p. 67.
Mutilation (de la) en Russie. D. p. 28 et 29. N. p. 70.

Néron multiplia les supplices. D. p. 8. *Ibid.* p. 29 et 52.

Observation où l'on rapporte des mots remarquables contre la peine de mort. P. 34.
Oisiveté. (l') Plus il est vrai qu'elle engendre des crimes nom-

breux, plus il est convenable de les faire expier par des travaux. D. p. 25.

Opprimé. (l') On le condamne avant de l'entendre, on crie avant qu'il soit jugé ; sa diffamation. D. p. 17.

Pardon des offenses (le) change en admirateurs les ennemis des grandes ames. D. p. 32.
Partie première du Discours contre la peine de mort. P. 9 et suiv.
Partie deuxième. P. 23 et suivantes.
Peine. (Définition de la) D. p. 7. N. p. 48. — La peine de mort est funeste à tous les gouvernemens. D. p. 29. — Réponse aux législateurs qui nous objectent qu'on l'a rétablie dans les pays où elle avait été supprimée. *Ibid.* p. 30.
Péroraison du Discours contre la peine de mort. P. 32 et 35.
Phalaris. Comment il se rendit exécrable. D. p. 10.
Philadelphie. (des prisons de) D. p. 27 et 28. — La peine de mort a été abolie par les Philadelphiens. *Ibid.*
Phocion condamné à mort. D. p. 9 et 10.
Pouvoir (le) de tuer n'est pas un droit. D. p. 15. — Abus de ce pouvoir. *Ibid.* — Combien les excès du pouvoir sont dangereux pour le pouvoir lui-même. *Ibid.* p. 27.
Presse. (délits de la) Frédéric, roi de Prusse, surnommé *le Grand*, refusa de les punir. D. p. 17. N. p. 58.
Prisons. Massacres horribles dans les prisons de Paris. N. p. 56.
Proportion entre les délits et les peines. D. p. 25 :

Selon que son délit, etc.

Prosopopée de Malesherbes. D. p. 10 et 11.

Ravaillac excité par le supplice de Châtel à frapper de mort Henri IV. D. p. 15. N. p. 57 et 58.
Régicides. Il n'y a que les apôtres de la vengeance et de la mort qui puissent devenir régicides. D. p. 26. N. 69 et 70.
Repentir (le) du coupable doit être préféré à sa mort. D. p. 24. — Aucun crime n'est réparé par la mort. *Ibid.*
Révolution ('Tableau de la) sous *Robespierre*. D. p. 12 et 15.
Rois caractérisés. D. p. 29 :

Les faibles sont cruels, etc.

Rome. Apostrophe à cette capitale du monde. D. p. 29 et 30.
Rousseau (Examen de l'opinion de J.-J.) sur la peine de mort. Ds. p. 58 et suivantes.
Rozoi (du) fait le parallèle du législateur qui a besoin de bourreaux et de celui qui en est indépendant. N. p. 69.

Sensibilité. (la) Comment trompée par les lois. D. p. 14.
Servan. (Notice sur) N. p. 50.
Spectacle de la nature. La peine de mort a dérobé ce beau spectacle à beaucoup de grands hommes et à une infinité d'innocens. D. p. 27.

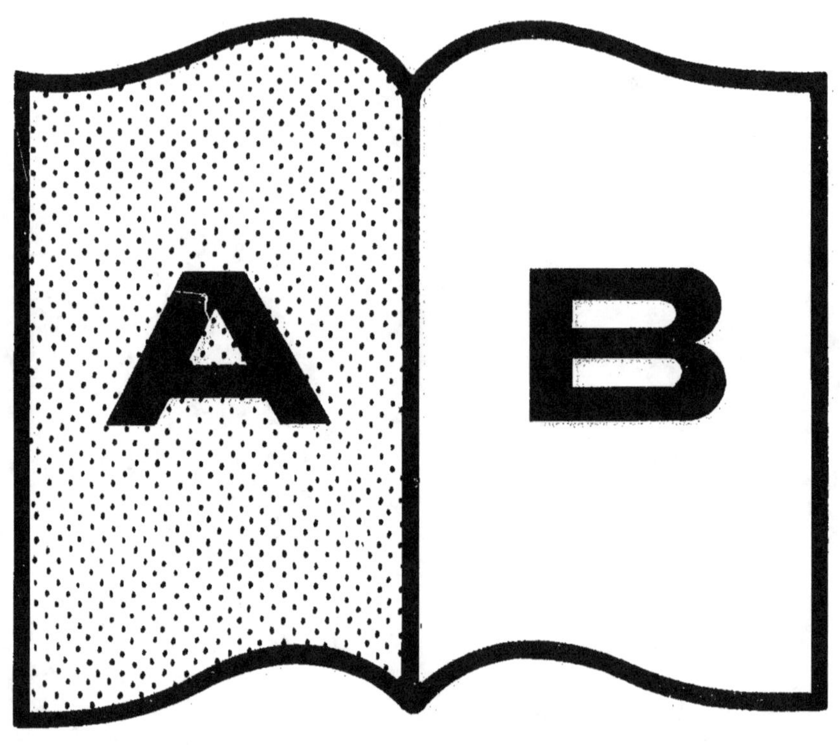

Contraste insuffisant

NF Z 43-120-14

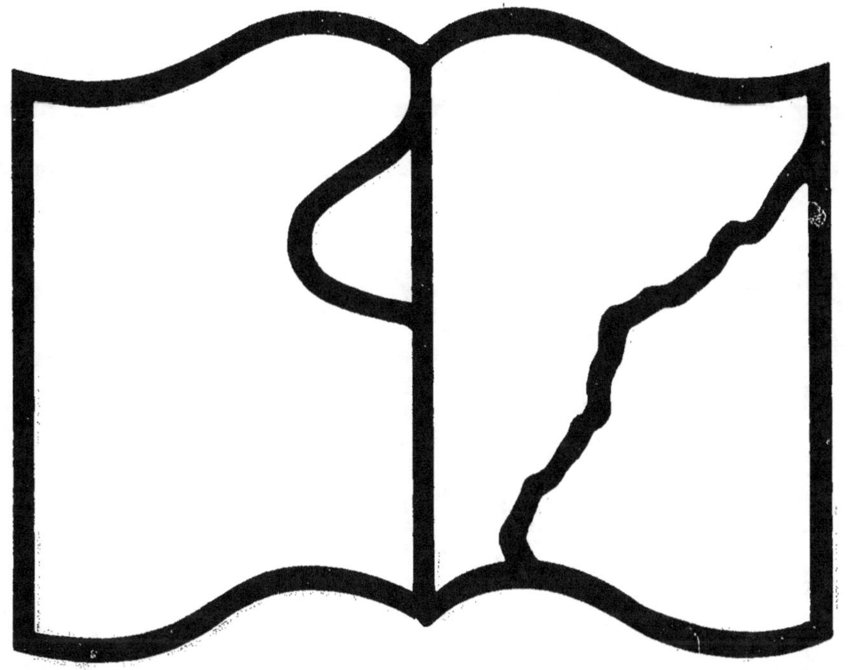

Texte détérioré — reliure défectueuse

NF Z 43-120-11